New 新視野231
window

行動冥想

擺脫
不安與煩惱，
隨時隨地
享受獨處的
靜心術

白取春彥 —— 著
涂紋凰 —— 譯

高寶書版集團

前言

生活在現代的我們，總是會不經意地脫口說出「活著還真是痛苦」這種話。

人之所以會覺得「好想輕鬆休息一下」、「本來不應該是這樣的」，也是因為感受到現在的自己活得好辛苦。

覺得活得著很痛苦的理由，因人而異。

不過，那些背後的原因並不會直接造成「活得很痛苦」的結果。

人類只要生存在這個社會上，都會經歷「活得很痛苦」的過程。

而且，活得很痛苦並非現代人特有的現象。從很久以前，人類就一直這樣。只要看看從近代至古代的書籍就知道，很多書裡都會寫到關於活著很痛苦的內容。

覺得自己被束縛，但又無處可逃，也完全找不到克服現狀的方法……每個人心中都有過這種想法。

即便如此，我們仍然有可能把人生中的每一天變得明朗安穩，享受發自內心的喜悅。

這個方法的第一步就是發現自我。

很多人忙著觀察別人的行為舉止，卻完全不了解自己的身心狀態。如果能夠脫離這種現狀，發現真正的自我，就能夠清楚了解自己的能力。

接著，只要順利無阻地運用自己與生俱來的能力，就能體驗真正的喜悅。透過這種方式獲得的喜悅才是活著的喜悅，老派一點的說法就是「幸福」。

反之，勉強配合世俗不負責任的價值觀念和評判標準，只會活得不幸而已。這樣的狀態就會產生悶悶不樂、覺得活著很痛苦的感受。

因此，本書想先為各位介紹發現真正自我的思考方式。

接著，由簡入繁呈現改變這個世界的「體驗方法」。只要學會嶄新的「體驗方法」，你的世界就會為之一變。

不過，這些方法都不是我發明的。而是從西元前到現在為止，世界各地的名人一直在實踐的方法。我只是發現這個方法而已。

他們分別來自不同時代、生活圈、宗教、文化、民族。即便如此，他們仍用相同的方法充分發揮自己的能力、找到自己的路，在那條路上堂堂正正地度過自己的人生。

在本書中，我將這個方法命名為「行動冥想」。

「行動冥想」這個有點奇妙的名稱，代表著兩種意義。一是「以冥想時體驗到的嶄新世界觀為主軸的全新生活方式」；二是「在現實中行動，但又稍微保留冥想狀態的生活方式」。

不需要努力也不需要特別的技術，就能達到「行動冥想」的狀態。只要閱讀並理解本書，在自己能做到的範圍內試著模仿即可。

光是這樣就足夠你掙脫壓迫著自己的重擔，活出嶄新的自我。

白取春彥

目錄
CONTENTS

Part1

捨棄「動不動就受影響」的心

為什麼會對他人的言行感到不舒服？

合不來的人——原因出在「思考方式的習慣」？

我們經常會說「和那個人就是意見不合」這種話。

然後歸咎於「因為我和那個人的想法不一樣」。

所以，才會有人說「如果有一百個人，就會有一百種想法和意見」。

真的是這樣嗎？會不會其實只是因為每個人都有自己的思考習慣？

和自己有相同意見和感受的人，或許只是有類似的思考習慣而已。

思考習慣源自於當下的時代環境、知識、經驗以及實際的人際關係。

然而，在生活中累積的知識、經驗，再加上透過學習訓練了解不同的思考之後，從環境發展而來的思考習慣也會漸漸改變。

除此之外，新環境如果讓自己過得很舒適，那麼新環境內的思考方式就會逐漸變成習慣。

當然，宗教、地域文化、政治、社會也能輕而易舉地養成思考的習慣。

如果這些條件稍微有一點轉變，我們的思考方式也會跟著改變。

同事、同學、媽媽圈的朋友、鄰居……夥伴意識是「自戀」的延伸？

我們不會因為身高和體重不同，就和別人起衝突。

然而，只要想法上有點不一樣，就會和對方起衝突。即便不起衝突，也會覺得不愉快。

人不會因為肉體等物理上的事情和別人起衝突，卻會因為想法這種看不見的、只有當事人才能理解的東西爭執。這是一件很好笑的事。

如果表達方式不同，但想法大同小異的話，我們就會覺得對方是夥伴。或者認為對方是站在自己這邊的人，把對方當成是自己的朋友。

為什麼會這樣呢？因為人會誤以為能像愛自己一樣喜歡對方。

也就是說，單憑對方和自己想法相同，人就會把對方當成另一個自己。

雖然這個自己比真正的自我還要低一等，但是光憑和自己相像這一點，就可以喜歡相像的部分了。

因此，同儕意識和友情的核心，往往都是「自戀」的延伸。

「想支配他人的人」的真面目

自戀的確會讓生存能力變強。

然而，如果放縱自戀情結高漲，就會衍生出支配欲。

綜觀古今與東西方的歷代君王、貴族、政治家、軍人、支配者、宗教家、經濟人等無窮盡的支配欲，就是由此而來。

最小的單位就是一家之主。

自戀情結向外擴張的時候，就會想要支配他人。

如果這種欲望比較弱的話，只會要求他人必須和自己同調。

因此，人際關係就會變得更複雜。

我們之所以覺得人際關係令人疲憊，就是因為彼此的想法一直有齟齬或衝突，調整和修補時又要顧慮很多事情。

「不理他」煩惱就會消失，不過……

該怎麼做，才能消除這種因為和他人之間的想法落差而形成的不愉快呢？有解決辦法嗎？

自戀過頭就會以為別人一定能按照自己的想法行動。

我沒有解決辦法，但是有「消除」的方法。

那就是不要一直受對方的態度和話語影響。

但是這非常困難。總是會一不小心就火冒三丈、心存芥蒂。

那該怎麼辦才好呢？乾脆保持無心無念的狀態不就好了。

可是，無心無念又是什麼意思？

話說回來，我們理所當然地認為每個人都擁有的「心」，究竟是什麼？

一般而言，所謂的「心」，指的是人類所有的意識反應與意志、思考、記憶的回想、情緒等總體。

然而，我們在日常生活中不太會用到「心」這個字。

通常都會說「心情、心意」。

譬如「你也要考量別人的心情啊！」、「你就不能體諒我的心情嗎？」、「這是我的一點心意」。

這裡的「心情、心意」會包含許多當下的情感，含意非常廣泛。

除此之外，如果包含態度在內的話，也會用「心境」這種說法。

從這些詞彙的用法就可以知道，我們沒有感受到「心」是完全獨立於肉體之外的「精神」。

學校並沒有教，而我們卻模模糊糊地從自身經驗推測心與身體會互相連結、彼此影響。

兼好法師說「心就是一個空蕩蕩的容器」

西方世界對心靈與肉體有什麼看法呢？

西元前四世紀的希臘學者柏拉圖認為心[1]在人類死後會從肉體這個狹窄的牢籠中解脫，能與神交流或者變成幽靈、馬、狼、蜜蜂、螞蟻等生物。

對柏拉圖來說，心（靈魂）和肉體是兩回事，心是不會死去的永恆存在。

這種想法對西方的基督教思想有很大的影響，所以主要的基督教派都推崇靈魂不滅。

柏拉圖的弟子亞里斯多德，看法則和老師相反。亞里斯多德認為心與身是一體的。

日本又是怎麼看待這個問題呢？日本雖然受到佛教思想的影響，

1「心」：希臘語稱為Psyche。英語稱為soul。大多譯為靈魂。

但對「心是否存在」本身仍抱持疑問。

有人針對這個問題寫了一本散文。這個人就是生於十四世紀鎌倉時代後期的兼好法師[2]。

針對心的部分，記述如下：

「鏡子沒有自己的顏色和形狀，所以才能映照萬物。如果鏡子擁有自己的顏色和形狀，就無法映照出任何東西了。

因為是一個空無一物的空間，所以才能接納外面的事物。如果這個空間已經有很多東西，就沒辦法再放進新的。

2 兼好法師：原本是貴族社會中的下級官人（鎌倉時代的武士）。後來出家成為僧侶，所以自稱法師。在當時是知名的和歌詩人。他的著作《徒然草》在江戶時期成為被廣泛閱讀的古典教養書籍（生卒年不詳，推測生於十三世紀後半，卒於十四世紀中旬。）

然而，我們的心為什麼會冒出各種想法和情緒呢？

難道不是因為心沒有實體的關係嗎？」

兼好法師認為，如果人心實際存在，那應該已經被自己的意識或者某種東西填滿，其他的想法應該無法隨意進來。

現代科學認為人心應該是腦部整體的電波反應。

話雖如此，人也沒有因為這樣就找到心的真面目。

「害怕跟別人不一樣的人」和「享受的人」之間的差異

心（靈魂）究竟是什麼？人們從很久以前就在思考這個問題，一

因為心是空洞的，所以喜悅、悲傷等情緒才會擅自進來？

定是因為期待在了解心的真面目之後，能找到解決包含心靈在內的各種問題的契機。

然而，本書首先要提出的實際問題，就是自己與他人的差異以及源自該差異的不愉快。

無論在他人身上發現多少和自己不同的地方，那也只不過是和截至目前為止的自己不同而已。

因此，不能因此斷定這些差異對自己來說一定是阻礙。畢竟那些不同的部分並不是自己的東西。

而且，如果把這些不同的部分都評判為阻礙，那麼除了自己以外的所有存在都會變成阻礙。

從這個角度來看，把自己的不同之處當成阻礙的人，就像將危險和恐懼混為一談的人一樣。

恐懼是自己內心的情緒問題，不代表這是事實。因此，也有人不會對危險這個事實感到恐懼。

同理，阻礙、恐懼和當下的事實狀況完全無關，僅由自己的情緒擅自決定。

有人覺得差異對自己來說是阻礙，但也有人不這麼想。為什麼不會覺得差異是阻礙呢？

不覺得差異是阻礙的人，認為別人和自己的不同之處總有新發現，而且還是非常有趣的發現。

譬如說每個人對「火」的感覺就不一樣。

「先回歸初心」再看待事物

將差異視為新發現的人，感受度比那些認為差異是障礙的人更加敏銳。而且，這種看待事物的角度，也是後設認知的一種。

所謂的後設認知，就是指從後設的立場了解、理解事物。換言之，所謂的後設立場也可以說是俯瞰事物的眼光。

為什麼說是後設認知呢？因為人不會把事物拉到眼前審視，而是會遠遠眺望。

人不會讓自己的心，也就是自己的情感直接與現實的事物衝撞。也就是說，並非無心無念，而是收起隱含自我的心遠眺事物。

人們往往會說後設認知就是「客觀看待事物」。這裡說的「客觀」，指的是在遠處旁觀充滿情感的自我。

如果不只要從後設認知的觀點看待事物，還需要加以判斷的話，就不能依靠量化的資訊。必須盡量從質化層面重新審視現在的狀態，再判斷全局的形勢。

順帶一提，「量化」和「質化」原本都是理工科的用語，這裡所說的量化指的是能夠換算成數值的一切事物。以人來說，過去的成績、智商、經歷都是量化面的資訊。

質化則是不包含在量化資訊內的抽象事物，譬如性質、狀況、傾向、意志等。總括這些特質，或許也可以稱之為「人性」。

「大幅」改變看待事物的方法

自以為「能夠操控對方」

我們為什麼會想了解對方呢？
了解對方能夠得到什麼？
人們往往期待了解對方之後，就能「操控對方」。
因此，能夠若無其事對別人發號施令的人，一定自以為非常了解別人。

這樣的人往往都擁有堅定的「人生觀」。甚至有人會因為這樣被當成是成熟的大人，廣受他人信賴。

的確，「人生觀」這個說法聽起來好像很厲害。甚至讓人覺得很有分量。

然而，實際內容究竟是什麼呢？

所謂的人生觀，不就是一個人在過往的經驗中，應對進退的方法以及看待人類的觀點而已嗎？

既然如此，「人生觀」說到底就是個因人而異的東西。英語和德語就非常明確地表達了這個特質。

（英）one's view of life / an outlook on life（一個人對人生的看法）

（德）Sicht des Lebens / Lebensanschauung（對人生的觀點）

這就表示「人生觀」就像是一個人對飲食、服裝的喜好而已。

或者也可以說是擅自對人生下定論。

「愛給建議的人」為什麼會很麻煩

越是遲鈍的人越能擺出一副自己很了解人生的樣子，也會以為自己很了解別人。

然後，這種人很愛多管閒事，頻頻給別人建議。

雖然說是建議，但其實就是一種命令。

而且，還會巧妙利用別人必須認真聽自己說話的狀況，試圖操控他人。

對這種人來說，那些被自己看穿的對象，比自己還要低很多級。

這種想法會呈現在粗魯無禮的態度和言詞上。

他們的了解方式非常膚淺。而且，面對他們的人早就發現這一點。話說回來，自古以來就有「試圖理解、了解對方」等於「試圖愛對方」的看法。

古希臘語的「philí（n）」與古希伯來語的「yada」一詞當中同時蘊含「了解與愛」兩種意義。

哲學等科學就是以「了解與愛」為主題的學問及研究。

科學一直持續努力了解研究對象，但最難了解而實際上也從未解明的對象就是人類。

「理解」到底是什麼意思？

一般而言，所謂的「理解」到底是怎麼一回事？

這裡的理解包含兩種意義。

其中一種意義是「知道平常隱而不見的東西究竟是什麼」。

科學追求的就是這種理解。

譬如以前發現原子，然後把原子視為構成物質的最小單位。（十九世紀初就已經推測出原子的存在，二十世紀初愛因斯坦透過計算算出原子的大小與質量。）

繼原子之後，又發現構成物質的最小單位——基本粒子。

另一種理解的意義則是指懂得事物的秩序規則。

懂得某個人的個性與行為模式、工作的執行方法、事物的框架或架構等我們日常中經常用到的「理解」就是指這個意義。

這裡所說的「理解」在與他人建立關係、處理事物或機器的時候很有用。

因此，為了擁有「理解」的能力，我們才會在學校讀書。

在校的成績不好，就會被視為「理解」能力低落。

也就是判定一個人之後不會突然能夠「理解」事物。

雖然我認為某天突然「開竅」的人不少，但社會大眾可不這麼想。

蘇格拉底的「無知之知」也是後設認知

第三種形式的「理解」就是後設認知。

前文已經說明，後設認知就是從俯瞰的角度認識、理解事物。

除此之外，也有「不局限於現在或過去的思考範圍，擁有其他更高的思考基準，並且以俯瞰的方式重新看待問題全貌」的意義。

譬如說以下的問題也能夠靠後設認知解決。

「這裡有一條四十五公分的線。該怎麼做才能讓這條線變短？」

已經畫好的線，無法透過物理性的方法變短。如果因此判斷不可能縮短，就表示你被過去的思考範圍局限。

然而，只要把焦點放在「短」這個說法意味著比較，答案就會自然而然地浮現。

你只需要在四十五公分的線旁邊畫出六十公分、或是七十公分的線即可。

能以後設認知解決這類問題的人都有共通的特徵——就是沒有既

定的價值觀，能夠自由地解釋事物。

擁有既定價值觀或者在世俗中獲得價值觀的人，比沒有既定價值觀的人更多。

因為只有在既定價值觀內才能一如往常地工作，並且安穩地在社會中生活。不過，這也表示你只能在社會規範的框架中生存。

早在西元前就已經有後設認知的概念，譬如蘇格拉底[3]的「無知之知」也是一種後設認知。

「無知之知」的意思是「對自己不了解某件事有所自覺」。因此，「有自覺的自我」和毫無自覺的自我，就會擁有截然不同的思考角度。

3 蘇格拉底：西元前五世紀的希臘哲學家。柏拉圖是他的弟子。蘇格拉底只留下一本著作，但柏拉圖有留下蘇格拉底言行的紀錄。

是否具有後設認知的能力，會讓我們對同一件事產生完全不同的解讀。

「解決問題的突破口」就在這裡！——《聖經》中的「後設認知」

我想應該很少人知道，《聖經》裡有很多譬喻的故事，都是透過後設認知解決問題的實例。

譬如說〈馬太福音〉中有以下的知名譬喻。

到了葡萄收成的季節，但人手不足。因此葡萄園的主人一大早就去找人手，他找到四個失業的人並對他們說：

「如果你們願意工作到傍晚，我會支付你們每人一個第納里烏斯銀幣。」

這四名男子同意後便開始在葡萄園工作。

然而，人手還是不夠。到了下午，葡萄園主人終於在其他地方找到沒有工作的男子，也約定要給對方一樣的薪水。

到了傍晚，主人支付這五名男子薪資。

結果先到的四個人開始抱怨。

「我們從早上就開始工作了。這個男的下午很晚才開始工作，為什麼和我們拿一樣的薪水？這樣很不公平吧！」

主人說：

「我跟你們不是約好工作到傍晚就支付薪水嗎？我只是履行自己的約定而已。還是你們嫌我太大方？」

抱怨不公平的四名男子為什麼會生氣呢？

因為他們是用勞動時間連結薪資的邏輯在思考事情。

另一方面，葡萄園的主人則是用後設認知的角度看待勞動與薪資的關係。

也就是說，一個人當下的生活費為一個第納里烏斯銀幣[4]，所以他決定支付這麼多的薪水。

人類視為核心的問題，往往需要透過這種後設認知才能解決。

理論上的正確度，主要對人造的數學等問題有效，但是對不少現實中的問題反而無效。

政治與行政無法讓生活變得更好，就是因為只應用法律的理論。

4 一個第納里烏斯銀幣（拉丁語 denarius）：以現代的金錢價值換算，推估約為五千台幣。

光靠「理論上的正確性」很難解決問題……

◎吃什麼都一樣，反正最後只會變成糞便？

使用後設認知，就能直搗事物的核心。

譬如戰爭隱含很多政治性的複雜問題。

因此，評論家與解說家總是一臉艱難地說明，但又說得過度仔細又費解。

然而，從後設認知的角度看待戰爭，就能直搗核心——「戰爭除了殺人之外什麼都不是」。

儘管如此，對於人的喜悅或快感等諸多情緒，反而無法靠後設認知直搗核心，後設認知甚至還會導致浪費事物或狀況本身的價值。

如果在一個人點餐猶豫不決時說：「吃什麼都一樣，反正最後都會變成糞便。」會怎麼樣呢？

如果把戀愛說成「只是單純的性慾噴發」會怎麼樣呢？

對大病初癒的人說「反正最後都會死」會怎麼樣呢？

「如果心存在某個地方，那請把它拿來我面前。」

古人留下的書籍中，呈現最多掌握後設認知內容的，大概就是佛教中實踐禪學的僧侶留下的語錄。

其中，以下的軼事精彩地表達出一般認知與後設認知的理解差異。

達摩在少林寺坐禪。弟子慧可在雪中來訪，表情凝重地說：

「我的心非常不安。師父，請幫我安定心神。」

達摩回頭說：

「那就把你的心拿到我面前吧。」

慧可有點驚訝地回答：

「是，我也很想把自己的心掏出來拿到師父面前，但是我怎麼都抓不住它。」

「這樣啊。那就沒問題了。我已經安好你的心了。」

在慧可的一般認知中，所謂的心就是他心裡某種躁動不安的東西。

另一方面，達摩用後設認知掌握到，心只不過是本人才能感受到的東西。

也就是說，心並不是一個指稱某種明確現實的詞彙。

達摩已經讓慧可本人發現，心是完全不存在於現實的東西，所以才說「我已經幫你安好心了」。

「無法比較的東西」就不要比了

剛才引用的達摩小故事是否屬實其實無所謂，重點在於慧可這個年輕僧人代表著我們大多數人的認知方式。

生活在現代的我們也和慧可一樣，都為自己心中的觀念（以慧可的情況來說，就是對「心」的觀念）所苦。

或者是說，我們會在不知不覺中接收世俗中的種種概念、觀念，因為無法獲得解脫而感到痛苦。

譬如說，我們會在心中擅自產生「正經的人生應該要這樣」、「這樣才正確，那樣是錯的」、「必須乖乖按照社會秩序生活，才是一個優秀的人」等觀念。

很多人心中都充滿這樣的觀念。

而且，總是把自己、他人與這些觀念做比較，然後偷偷在心裡打分數。

這往往是煩惱的莫大根源。

和他人比較「沒有實體的東西」只會讓自己變得越來越慘而已。

Part2

這個世界有九成是由「偏見」構成的？

「活得很痛苦」的真相究竟是什麼？

「疏離感」是怎麼來的？

每個人的思考方式和生活風格都會被時代風潮影響。

話雖如此，每個人受到的影響深淺不同。

如果是「隨波逐流」的人，時代的影響就會比較強烈。

反之，博學多聞、沒有特定宗教信仰，過著獨立生活的人就比較不容易受影響。

越是受到時代強烈影響的人，就越容易煩惱、痛苦、迷惘。

這是因為每個時代有形、無形之中的概念和觀念，都不一定是開明的。

因此，當人一旦發現自己的觀念和想法不符合當代風潮，就會覺得自己被社會孤立，產生一種疏離感。

有些人會覺得，這種疏離感是一種獲得自由的代價，但是也有人會因此感到痛苦。

感到痛苦的人，會想在社會中盡量獲得更多同伴，藉此獲得安心感。這樣的人往往喜歡附和、跟風，最後反而會助長策略性的反動保守思想。

當然，這些人一開始完全沒有自己的想法，只是因為害怕脫隊才這麼做。

獻給因為「世俗的正確性」而感到痛苦的你

時代，正確來說是時代的權力體制所帶來的觀念，通常會呈現在主流的禮儀、禮節、倫理觀以及規則之中。

為方便自己統治而重視秩序的權力體制，往往偏好男尊女卑、長幼有序、地位階級、身分尊卑等觀念。

這些觀念能夠把社會大略拆解並打造出一個架構，所以是個可以輕易為社會架構帶來秩序和價值觀的工具。

這種架構的觀念，同時也會產生歧視和偏見。

即便是非國家體制的小團體也一樣，只要是被某種權力支配的地方，都能看見和權力體制下的社會相同的架構。

當然，地方、宗教法人等團體、企業、家庭之中的架構也一樣。

各種觀念的內容往往狹隘而僵化。

開始發現這一點的年輕人，對整個社會感到「苦悶」、「虛假」、「無意義的形式主義」、「人類的機械化」也是理所當然。

而且，在年輕人的眼中，順從社會倫理的大多數人就是沒有自我色彩、戴著假面的人類。

這些年輕人其實就是用一種後設認知掌握了時代的倫理。

只是他們自己完全沒有發現罷了。

你是否在不知道「語言內涵」的情況下使用語言？

不知道為什麼，很多人都認為各種概念和觀念是在自己出生之

「我好奇怪喔……」越是自我否定的人就越痛苦。

前就存在、不曾改變的東西。

然而，卻沒有人會先用字典確認這些概念和觀念的內涵究竟是什麼。我不懂大家為什麼不去確認。

大多數的人在和他人對話之中談到某種概念或觀念用語時，都是用推測的方式推導出意義，然後自以為理解。

說白一點，這就是瞎猜一通。充其量只是模糊的理解而已。

然後自己也在日常生活中隨口說出那些概念或觀念用語，一邊觀察對方的反應和回答，一邊改變說法，慢慢地修正內容。

不只剛開始讀書的孩子，就連已經出社會的大人也會這麼做。與其說是書讀得不夠多，不如說是因為截至目前為止都沒讀過什麼優質的書吧？

為什麼人會覺得「概念」和「觀念」是確定不變的東西呢？

大眾一般使用的「概念」，指的是對某事物的大略解釋。
譬如吉娃娃和杜賓就是指「狗」這個概念。
也就是說，概念的意義[5]特徵是抽象而普遍的。
我們平常說話的時候會用到很多概念語。
就連罵人用到的「笨蛋」都是一種概念語。
概念也是社會上幾乎共通的認知架構。
然而，「幸福」這個詞並非概念語。我們經常用到的「正義」和「常識」也不是概念語。

5「概念的意義」：只要沒有新發現，即便跨越時代，科學上的概念也大致相同。

因為這些概念（大略的意義內容）並不固定。因此，解釋會因人不同而產生莫大差異。

所以，「幸福」、「正義」、「常識」都可以說是觀念語

「觀念」有別於概念，指的是某人對某事物的主觀想法。

既然是主觀，怎麼解釋都沒關係。

也就是說，每個觀念語的內涵就連大略的解釋都不會有。

因此，麥克．桑德爾[6]先說完「我們來談談今後的『正義』」這句話，才開始和其他人討論正義這個觀念，也是理所當然的事。

如果要比較語言的穩定性，概念語較為穩定，而觀念語非常不穩定，沒有人知道意義內涵什麼時候會大幅轉變。

6　麥克．桑德爾（Michael Sandel）：美國的政治哲學家。強調社會整體的「共善」。

改變觀念語意義內涵的重大元素包含當時的政治體制、時代的思想潮流、大多數人的生活型態變化等。

因此，所謂的「觀念」就像不存在於現實的幽靈一樣

包含概念語和觀念語在內，以下經常使用的一般性詞彙，大多數人都只是聽周遭的人使用而了解皮毛，而不瞭解核心。

幸福、富裕、幹勁、什麼年齡做什麼事、愛、美、心、常識、正義、善惡、實績、普通、健康、正經、才能、死、魂、神……這些觀念的內涵會因為時代風潮而大幅轉變。

「男人」這個詞彙只是在學界表示區分性別的概念語，但是一般

生活中經常被當作觀念語使用。

譬如日本昭和時代所使用的「男人」一詞，比現代更加富含男子氣概、黑道的意義。

昭和三十年代流行石原慎太郎的小說和散文，內容就非常強調男子氣概，強調到令人失笑的地步。因此，當時「男子氣概」這個說法，不單指男性本身，也包含各種層面的力量與個性上的粗暴等特質。

昭和時代初期和現代的幸福、善惡，意義內涵也有很大的差異。

只要看以前的電影、當時的小說就能馬上明白。

「用相同的語言表達不同的意思」只會讓隔閡更深

概念和觀念的意義內涵會因為時代的風潮改變，只要比較以前的小說或者不同時代的報紙就能明顯發現差異。

而且，直接受時代影響的概念與觀念會成為基礎材料，一點一滴型塑出每個人的價值觀和人生觀。

因此，年輕人和老年人經常會產生隔閡無法溝通。這就是俗話說的「代溝」。

時代帶來的影響很明確。

時代的影響包含支配體制、政治傾向、宗教環境、主要的文化傾向、頻繁使用的論述與表現、主流倫理等在不自覺的情況下受到的具體影響。

在該時代生活的人，就會產生一定的思考傾向與習慣。

被這種不知道是誰規定的「男子氣概」束縛，實在太愚蠢了

著眼於這一點的哲學家傅柯[7]將現代政治管理個人健康與教育的行為稱為「生命權力」。

按照傅柯說法，權力體制經常刻意限定語言的意義。

接著，就會由此發展出該時代的倫理與規範[8]。

所謂的「世俗」究竟是什麼？

7 傅柯（Michel Foucault）：法國的後結構主義哲學家。著有《詞與物》、《瘋癲與文明》等知名著作（一九二六～一九八四）。

8 「時代的倫理與規範」：譬如因為人類必須是男人或女人，所以會有人去動手術切除性器官，而同性戀則遭到排擠。

世俗不只是有很多人生活的社會，而是一個觀念語內涵非常明確的場域。

除了時代的權力體制之外，還有媒體、為商品宣傳而製作的電視劇、死守傳統與特權的保守勢力，都會固定並強化觀念語內涵。

雖說觀念語的內涵被固定，但也只是像溫泉蛋那樣的程度而已。中心的蛋黃凝固，周圍的蛋白仍然柔軟。

然而，煮到連蛋白都凝固的話，幾乎可以說是法西斯主義[9]的社會了。

從小被教育要盲目相信世俗，因為自己和其他人一樣而感到安心，這樣的人一旦發現世俗灌輸的觀念和自己的生活不合，就會開始

9 法西斯主義：除了現在的極權主義之外，容不下其他的體制。

感到不安和痛苦。

為了舒緩這種痛苦，人往往會選擇想辦法配合世俗修正自己的想法和生活。

這就是附和跟風的起點。

結果只會讓觀念語的內涵更加僵化，同時也促使當下的世俗風潮變得更興盛。

察覺「世俗的想法不代表事實」

我們根本不了解「死亡」

我們都會死。

直接的死亡原因只有生病、事故、殺害（自殺也包含在殺人之內）這三種。

然而，我們其實對「死亡」一無所知，而且也不知道自己什麼時候會死。

實際上，如果是在醫院病死，醫師會宣布死亡時間。

此時的死亡，指的是大腦、心臟、自主呼吸都停止的狀態。心臟和呼吸仍有功能時，就是所謂的腦死。

這種死亡只是形式上的條件，並不代表從生到死的界線。

到什麼程度是生？到什麼程度是死？這一點沒有人知道，而且截至目前為止都沒有辦法得知。

也就是說，死亡究竟是什麼狀態，死亡會發生什麼事，我們完全不清楚。

儘管如此，還是有很多人認為「死就是生命的終結」，然後在這樣的想法之中，為其他事物判定價值。

也就是說，人們不只擅自限定死這個觀念語的意義，還把這些意義當成事實。

◎「死亡」不代表永遠 OFF ？

我們這麼輕易地就認為「死是生命的終結」真的好嗎？

大家真的知道，這種想法等於擅自決定「死亡」這個曖昧的觀念語代表什麼意思嗎？

如果死是人生的終結，那麼應該會從這個觀念當中自然而然形成價值判斷。

這個價值判斷就是死亡等於人類完全衰亡。因此，人會判定死亡沒有任何積極正面的意義。

這個價值觀從另一個角度看來，站在死的對立面才有意義。

也就是說，生命力、年輕、強壯、擁有許多可能性等，對現在的生命來說有很高的價值。

如此一來，缺乏這些元素的老人，就會因為已經離死亡很近，變成沒有意義的存在。

另一方，年輕人則是有意義、有價值的存在，健康的幼兒價值就更高了。

「人類生命」的開端究竟是什麼？

每個時代的世俗觀念都把死亡的內涵定義為「死是生命力衰亡的結局」，人也一直因為恐懼死亡而感到煩惱。

人明明光是活著就有意義，卻偏要把死亡當成衰亡的終點。若果真如此，活著就變成在年歲漸長的同時也走向衰亡的單行道。

不只死亡這個詞，一旦定義出觀念語的內涵，就一定會在內部出現這樣的矛盾。

然而，世俗會有以下的想法。

「萬事都有起點，所以也有終點。生命也一樣，有起點就有終點。而生命的終點就是死亡。」

這樣的想法非常符合邏輯。

然而，後半段是錯誤的。或者是說，這只是單純的類推而已。

因為人的生命並非事物。

儘管如此，人們卻認為事物的道理也適用於人的生命，這樣是不對的。

如果是人造物，就會有開始製作、結束製作的時候。

然而，生命的開始是什麼，生命的開始又是怎麼決定的呢？

我了解大家想要說死亡就是終點的心情，但是我們明明不知道死亡本身究竟是什麼，又怎麼能夠斷定死亡就是生命的終結。

我之後會再針對這一點詳細說明，不過可以確定的是，人的生命屬於一種神秘現象。

何謂「幸福」？

大家經常掛在嘴上、使用頻率最高的觀念語之一就是「幸福」。

這個觀念語之所以經常被人使用，是因為幸福感覺是個很有價值的東西，而且很多人都希望自己也能幸福。

同時，很多人單純地認為，只要了解幸福這個觀念的成立要件是什麼，自己就能獲得幸福。

這種想法就像按照食譜買東西的人一樣。

他們認為只要買齊幾樣食材就能做出一份美味的焗烤。

也就是說，只要有材料，就能輕鬆組合。彷彿不需要料理的技術或化學知識、工具等條件。

按照這種想法採取的行動，也會展現在其他面向的事情上。

譬如說，為了擁有某個工作而參加證照考試。

結婚或再婚的背景也是源自相同的想法。

發現這一點，而且想到要販售這套知識背景的商人真的很狡猾。

一旦習慣這種只要滿足條件就能達到某種目的的虛假思考方式，人生就會變成滿足條件的遊戲。

實際上，真的有很多人覺得人生就是這樣。

金錢、朋友、知識、能力……要擁有多少才能幸福？

人生變成滿足條件的遊戲之後，很多人在心中描繪的幸福有一個最大的特徵，就是要無止盡地「擁有」。

擁有很多錢和資產；在各種層面的意義上擁有很多力量、美貌、能力；擁有很多朋友、人脈、子孫。

然而，把「擁有很多」當成幸福的意義是一件很奇怪的事。

因為這樣等於是把幸福這種感性的概念，用「事物」的量來解決。

這些「事物」是否有非單純物質的一面呢？

譬如金錢。

金錢本身只是紙或金屬等物質，大家互相交換之後才開始有價值，因此金錢可以說是充滿可能性的東西，或許也有人是因為擁有龐大的可能性而感到幸福。

不過，那只是表面的幸福「感」，並非真正的幸福。

同樣地，為了擁有資產而投資的人也是遠遠看著幸福的幻影而已。

幸福條件若是「擁有」很多，那麼無法「擁有」的人就會變得不幸福。

另外，事物的量並非無限，一個人如果擁有多一點，其他人擁有的量就會跟著減少。這樣等於剝奪別人的幸福。

幸福的量如果和物質的量等比例，那麼實現幸福的同時也會實現許多不幸。也就是說，幸福會產生不幸。

包含不幸在內的東西，真的能稱之為幸福嗎？

應該沒辦法吧？

既然如此，幸福的要件就不是「擁有」。

很多人心中糢糢糊糊認為的幸福定義，其實和幸福毫無關聯。

如果過度思考自己的幸福，反而會變得不幸？

何謂幸福？幸福這個觀念語並沒有明確定義。

哲學家和宗教家如何看待幸福呢？他們大部分都認為幸福存在於一個人的精神和行為之中。

譬如法國哲學家阿蘭（Alain）認為幸福的狀態應該是這樣：

「當自己專心致志，在集中精神的當下，進入無我的狀態。」

另外，阿蘭還這樣說明：

「……把所有的注意力都集中在一件非常困難的事情時，這個人就能獲得完整的幸福。會想到自己的過去和未來的人，沒辦法獲得完整的幸福。……簡而言之，絕對不能想到自己。」

如果這就是幸福，那我們在工作的時候就能處於幸福的狀態。而且，任何人都有機會獲得幸福。

如果是「感到滿足」這種感覺性的幸福，在路邊曬著太陽的貓咪就能告訴你什麼是幸福。

如果是包含信任意義的幸福，那麼忠誠的狗兒也能告訴你什麼是幸福。

要是一心認為人類最了不起，就會錯過我們身邊重要的大智慧。

何謂「時間」？

我們對「時間」這個觀念語和「死亡」一樣，都是一無所知。

現代社會有很多人認為時間是朝固定方向、以固定速度流動的東西。[10]這已經是太過理所當然的常識，大家從來不曾懷疑過。

然而，這個時間觀念其實有部分受到古代基督教神學推廣的思想影響。

在基督教神學中，時間只會朝著未來流逝，時間的尾端就是末日[11]，末日就是耶穌基督再降臨的時候。

10「時間流逝」：佛教的其中一個宗派認為，時間不是「流逝而去」，而是從未來往現在「倒流回來」。

11「末日」：歷史上有所謂的末日，屆時神的審判就會開始，再度降臨的耶穌基督會帶來救贖。

在基督教神學的思考方式進入日本前，我們的祖先認為季節是在自己周圍循環的東西。

所以才會有「周而復始的春天」這種說法。去年的春天，今年再度到訪[12]。

當時的時間感和現代人的感覺粗略比較的話，就是以一刻，也就是以三十分鐘為單位。這個時間的長度是用水鐘計算的。

以分為單位計算的時間感，是在十九世紀後半有了蒸汽火車時刻表才開始出現的。

遲到這個概念也是從這個時候才誕生。

12「去年的春天」：這個透徹的想法並不幼稚。如果套用熱力學的第二定律，以科學的角度來看，世界也只是一直在循環而已。

時間是「變化」的單位

我們無法直接理解或掌握時間。

只能透過時鐘這樣的計量裝置，試圖理解時間的存在與長短。

如果在沒有文明利器的情況下，孤身一人在深山生活會如何？

只要完全不和其他人接觸，就不會產生時間這個觀念，生活中也不會感到時間的流逝。

當然，也無法意識到自己。

因為沒有任何裝置能觀測自己的狀態，也沒有機會獲得他人的反饋[13]，甚至沒有比較的對象。

13「反饋」：這裡是指透過他人的反應確認、意識自己的行為與存在的狀態。

雖然我們不知道時間是什麼，卻會說「已經沒時間了」、「這樣時間不夠」。

所謂的「時間不夠」指的是需要花工夫去做準備或處理。

也就是說，人只是用時間這個詞來表達事物的變化而已。

事物有變化時，我們才會感覺到時間的存在。

當然，我們感受到的不是時間本身。實際上感受到的只是事物的變化而已。

那麼，何謂事物的變化呢？我們就連這一點都不清楚。

我們無法直接感受到「時間」本身。

發現「自己連處於無知之中都不知道」，眼裡看到的景色就會為之一變

如同前文所述，我們並不清楚日常頻繁使用的詞彙，尤其是觀念語究竟有什麼含意。

而且，還處於不知道自己很無知的狀態。

另外，觀念語的意義內涵已經被世俗的常識限定，而且大家都根深蒂固地認為那就是正確的解釋。

我們必須以其他人在差不多的意思之下使用該詞為前提，才能繼續對話。

因此，如果在某個契機下發現理解的差異很大時，就會感受到和對方之間的不同與代溝，同時也會感到震驚。

然而，這種震驚往往（出於禮儀）被悄悄隱去，人們會以世俗認同的意義內涵為正解繼續聊下去。

然而，世俗深信不疑的意義內涵有很多時候都是扭曲的。

而且人們也不會發現。

就這樣，漸漸形成某種世界觀。世界觀的內涵大概就像這樣：

- 死亡就是人生的終點。
- 無論死的人是誰，死亡都是悲傷的事，所以絕對不能感到喜悅。
- 亡者會去到像天國一樣的地方，然後在那裡守護著我們。
- 除非有特殊情況，否則人的誕生都是令人喜悅的。
- 結婚也是人生中令人喜悅的事情之一。
- 學業成績優良就能預見光明的未來。
- 年輕人比老人擁有更多的可能性。

- 越強的人越有價值。
- 地位等同一個人的人格。
- 才能由血脈繼承。
- 血統、家教、教育成就一個人。
- 工作和人類都有高下之分。
- 有父母的孩子比較幸福。
- 已婚的人比未婚的人更值得信賴。
- 人生是有限的。
- 沒錢的傢伙無法生存。
- 神和佛是客觀存在。
- 即使沒有科學證明，靈魂仍然存在。
- 輪迴轉世和前世今生都有可能是真的。

- 無論什麼信仰都很珍貴。
- 運氣有好有壞，而且也有用盡的時候。
- 有苦就有樂是理所當然的事。
- 每個人都有自己的壽命。
- 善惡、得失都可以用常識輕鬆判斷。

這樣的世界觀會在周圍的人們輕易說出口之後變成常識，最後甚至成為社會上的真理，演變成強烈的固定觀念，在許多人心中紮根。

接著，這樣的價值觀會變成主軸，形塑出所謂的世俗。

如果做出大幅脫離這個世界觀的行為、擁有跳脫的思想，就會被當成怪人或者被貼上擾亂社會秩序的標籤，因此悄悄遭到排擠，甚至受到明顯歧視。

社群網絡中的共同「價值觀」反而產生新的歧視和排擠。

Part3

「徒手」就能觸碰
「當下這個瞬間的世界」

「改變體驗方法」的全新生活方式

當「被輕視的身體」發出吶喊的時候

世俗的想法、世俗中的各種主流觀念（如第二章列舉的觀念）會為由衷相信的人帶來安心「感」。

這些觀念之所以會帶來安心感，是因為能透過和別人擁有相同觀念這件事產生盟友意識，人們心中暗藏著想被認同的欲望也會因此獲得滿足。

另一方面，世俗的想法不只把人類當成工具，實際上還區分不同用途的工具與功能[14]。

被當成工具的人，心裡會因為覺得自己並沒有受到適當的對待或感覺自己被分裂，而逐漸累積不愉快。

為了分散對這些不愉快的注意力，變得想要追求各種享受。

這些享受方式包含肉欲在內，主要以動用身體的方式呈現，通常不太會去追求需要動腦的樂趣。

因為身體也是人類的一部分。人類絕對不是只有精神的存在，也不是只有物質性的身體。

成人體內三十七兆個細胞的再生與死亡、所有生理機能都是人類

14 「把人類當成工具」：有幾位哲學家曾經提及人類的工具化，譬如馬丁．海德格（Martin Heidegger）在著作《存在與時間》之中就說過：「所謂的普遍性就是指各種工具存在者交織出的所有相關指示。」

的一部分。

然而，在現代這種收益至上的工作與活動中，完全忽視了身體。

這種感覺非常明顯，所以被忽視的身體總想著要在某個地方大顯身手。

「用自己的方式發揮自己的能力」就是最棒的生存價值

沒有被用到的身體覺得飢渴，最後終於發出吶喊。

——「徹徹底底地使用這個身體吧！」這就是身體殷切的欲望。

因此，人才會追求看似能滿足身體欲望的享受。

然而，沉溺於買來的享受之中，無法滿足身體的欲望，只能稍微嗅到一點人工的甘甜味而已。

應該是說，用金錢換來的享受，只是一種在有限的時間、空間內發生某種行為的商品而已。

因為有限制，所以沒辦法無限地滿足身體所追求的自由。

光是這一點就足以判斷，供人享受的商品只是非常了解人體需求的贗品。

那麼人的身體究竟在追求什麼呢?答案很明確。身體追求的不是類似人生的東西，而是真正的人生。

但是商人無法販售真正的人生。

真正的人生當然不可能會出現在事先準備好的地點。

然而，真正的人生其實就在我們身邊。

所謂近在咫尺的真實人生，就是用自己的方式發揮自己的能力。

「赤腳走路」——直接體會世界的觸感

我們都以為自己在平常的生活和工作中，有用自己的方式發揮自己的能力。

然而，如果平常都穿著鞋在柏油路上走，那就不能說是盡情發揮雙腳的能力吧。

只要脫下鞋襪，光著腳走在草地上就能馬上體驗這一點。

草地出乎意料地冰涼柔軟、青翠的香氣，每走一步腳底都會感受到微妙的起伏。

只是身體的一部分有細微的感覺，自己的身心就會馬上湧現喜悅。

除此之外，人應該會對透過腳底與世界連結這件事感到震驚，甚至覺得終於找回活生生的自我。

只要脫下擁有鞋子外形的世俗觀念，我們就能用自己的感官直接了解事物。

此時的喜悅是全身都能感受到的。

而且，人也會發現，這個有血有肉的人生，自己其實只體驗了一小部分。

明明就連剛開始爬行的幼兒都會把各種東西放進口中確認，這就是在體驗世界的觸感啊。

被遺忘的能力就像受限於世俗的習慣與約束，最後會變成一種習性。

我們活得並不自由，因為我們一直受到世俗常規的影響，所以就連自己身體的一個小小的感官能力都變得很不自由。

被遺忘的觸感會帶來活著的喜悅。

「像個孩子一樣」——拿下「厚重的眼鏡」看看這個世界吧

幼兒和小貓總是活力充沛地玩著遊戲。

沒有幼兒或小貓會像通勤上班族一樣露出陰沉憂鬱的表情。

幼兒和小貓對很多事情都有興趣，而且對每件事都投入全力。

因為他們的生活中充滿發揮自我能力的喜悅。

為什麼他們能做到呢？

因為他們身上沒有裹著一層厚厚的膜。這層厚厚的膜就是先前提到的世俗性和社會性。

然而，像天真的幼兒那樣，全力發揮自己的能力和感受性，在沒有被世俗觀念影響的狀態下，純粹地接受全世界，西田幾多郎[15]把這樣的人類狀態稱之為「善」。

西田的代表作《善的研究》[16]中提到的「善」就是指這個意思。善並不是惡的反義詞。

在古代的中東也有相同看法。《聖經》當中用於比喻的「小孩子」也被當成體現善的存在。

譬如《新約聖經》中說：

15 西田幾多郎：哲學家，從禪的體驗衍生出《善的研究》這本代表作（一八七〇～一九四五）。

16《善的研究》：標題由最初出版的弘道館命名，西田幾多郎本人原本想用的標題則是《純粹經驗與客觀存在》。

「若你們的心不能變得像小孩子那樣，斷不得進天國。」

主要由猶太教徒使用的《舊約聖經》中，在詩篇章節寫道：

「神讓小孩和吃奶的嬰兒口中，唱出讚美歌。」

就像這樣，以年幼的小孩暗喻尚未被社會、世俗觀念影響的純樸人格。

他們能進入天國、唱著神的讚美歌，表示拒絕了受社會、世俗觀念影響的生存方式。

坦率、真誠地用自己的原本的面貌融入此生與這個世界

西田幾多郎是經歷明治、大正、昭和三個時代的京都哲學家，著作當中以《善的研究》最為知名，但標題當中的「善」指的是人完全發揮能力的狀態。

也就是說，西田所謂的「善」並非善惡的善，也不是世俗觀念下的其中一種倫理價值觀。

簡單歸納西田的見解如下。

「坦率、真誠地用自己的原本的面貌，融入此生與這個世界。」

即是所謂的善。

這並不是從困難的思索誕生的價值判斷，而是源自宗教知識與作者自身的禪修體驗而衍生出的哲學性見解。

因為是來自真實體驗，所以我們只要光腳踩在草地上，就能對這種源自作者感性的見解產生共鳴。

畢竟是身體的感覺和經歷，所以其中或許有一些錯誤。

儘管如此，也不能說那只是基於感覺或經驗的價值判斷，所以不能隨便信任，便因此全部捨棄。

即便其中包含了模糊不清的部分，我們每天所處的現實生活畢竟仍是以感覺和自我體驗為基礎，而且實際上我們也只能這樣生存。

自己親身經歷過的一切都是貨真價實

西田幾多郎一生的摯友鈴木大拙[17]曾說：

---

17 鈴木大拙：佛教哲學家，將禪的概念推廣到西歐世界（一八七〇～一九六六）。

「因為有二元的思考方式，才分離出精神這個東西。」

所謂的二元思考方式，指的就是把人類區分成肉體和精神兩個部分，然後再以分析的角度思考事物。

這也稱為二元論，現代人接受的教育基本上就是以二元論為基礎。

而且，人們擅自認為精神層次較高，肉體層次較低。

接著，精神又連結到理性，人們被教育應該盡量保持理性。

除此之外，人們也被教育源自理性的認知才正確。肉體反而完全被忽視。

因此，鈴木大拙批評：「精神不能把肉體等物質包含在內。」反之，肉體卻可以包含精神。

另外，無論是精神還是理性，人在掌握事物的時候都必須再經過一個步驟。

也就是說，人不是直接掌握、了解事物，而是必須先暫時將事物轉換成一種概念。如果沒有透過抽象化的方式，精神就永遠無法掌握事物。

精神無法直接掌握事物。

但是，肉體就不一樣了。人可以用手指、手掌直接抓住東西。這才是所謂的直接認知吧。

既然如此，自己的親身經歷就絕對不會說謊。

尼采也和鈴木大拙有幾乎相同的主張，他在《查拉圖斯特拉如是說》（*Also sprach Zarathustra*）一書中提到：

「……覺醒之人、有識之人說，我就是這副身軀本身，除此之外什麼也不是。」

「身體就是最大的理性。」

「……當你說出『精神』這個詞的時候，你那渺小的理性也是身體的工具。」

如同這段文字寫到的，尼采認為身體就是人類最大的理性。相較之下，人類認為的「理性」只是渺小的理性而已。也就是說，尼采認為身體的層次較高。

我們如果沒有身體，就沒有人生可言。

如果只有精神和理性，無法構成人生。

理性只是身體的工具。

用自己原本的面貌直接與世界接觸時，人就會充滿喜悅

你只要「坦率地觸碰、感受、接受」即可

運用自己的敏感度與能力就能有效擺脫生活在現代的不完整感，根本不需要重新做些特別的事。

你只要坦率地觸碰、感受、接受即可。

然而，很多人都不這麼做。

多數人會在碰到事情的時候停下來，覺得截至目前為止的處理方

法好像不太適合就不再繼續嘗試。

或者是去問周遭的人都怎麼處理，向某個人尋求處理方法。彷彿只要做錯就會失分一樣，心懷恐懼。

我們必須打破這種態度。

理解、分析之後進行推測，再從容不迫地行動，這種模式適合用在需要慎重考量成本的商業行為上。

一旦把這種態度帶到生活中，人生就會變成持續處理事物的循環，最後被空虛侵蝕。

總之，自己和世界之間不能有阻礙。

如果中間有阻礙，那就表示和過去一樣呈現相同狀態，最後仍無法擺脫不完整的感覺。

那麼擋在自己和世界之間的阻礙究竟是什麼呢？

這些阻礙大多都是來自後天環境，譬如學校教的思維模式、價值判斷，除此之外還有至今仍心懷芥蒂的記憶；每時每刻產生的欲望；受世俗風氣影響，不知不覺變成習慣的價值判斷、權衡利弊；已經變成社會慣例的行為等。

當無視這些大大小小的阻礙、不受影響的真正自我，直接覺察到這個世界時，就會湧現活著的喜悅。

戴著手套撫摸貓咪，無法得知貓毛的觸感。

脫下手套直接用手掌撫摸貓咪或者貼著貓咪的臉頰，就能馬上在伴隨著喜悅的狀況下感受到貓毛的特徵以及溫暖的生命。

兩者皆有相同的道理。

任何人身上都有可能發生這種「近在咫尺的覺醒」並且因此發揮能力

只有在身體自由自在地朝自己有興趣的方向行動時，才能誕生、培養、精煉出一種能力。

反之，如果一開始就有某種意圖或目的，就算想要培養適合的特定能力，也沒辦法大幅進步。

而且，照理說每個人都能夠培養自己獨特的能力，但途中或打從一開始就出現「聰明、靈巧、有效率地去做」這種目標的話，培養能力這件事就會變成像在製造鑄模工藝品一樣機械化。

反而是在不刻意培養的狀態下，能力才會逐漸累積，變得茁壯。就像孩童透過玩遊戲，自然而然地培養能力。

此時，一定會伴隨著如釋重負的解脫感。

因為在沒有外界干涉的狀態下，自由運用自己的敏感度與能力，便是人類最原始的喜悅。這就是「敞開自己的身體與心靈」的狀態，換句話說，等於是一種近在咫尺的「覺醒」。

社會對個人能力的理解貧乏，而且也無力掌握。

世俗社會看待事物的方式只能靠計量換算成量化數值、記錄在文件資料中的東西去理解和掌握事物。

因為這樣，社會才會接受「素質和能力是受到遺傳影響」這種怎麼想都屬於超自然範疇的思想。

所以「自己的能力只限於社會和教育機構認可的程度」根本就不足採信。

反而是那些在他們的觀念中看不到的能力，才構成了我們現實中每天的生活。

每天都過得像人生從今天開始一樣

當自己和世界之間毫無阻礙時，就能得到對自己而言全新的體驗，西田幾多郎將這種情況稱為「直接體驗」[18]。

除了西田幾多郎之外，還有很多哲學家知道這種體驗的重要性。

譬如十九世紀的哲學家尼采在他的著作《偶像的黃昏》提到：

18「直接體驗」：西田幾多郎也將相同的狀況稱為「純粹經驗」。順帶一提，這個想法是受到威廉・詹姆斯（William James Sidis）（美國哲學家。一八四二～一九一〇）的「根本經驗（Radical Empiricism）」影響。

「人可以從自己的不自然和精神性回歸自己最原始的人性，因為那本來就存在於自己的野性之中。」

這裡所謂的不自然與精神性，指自己的身心在社會中所受到的種種世俗束縛。

另外，「野性」並非野蠻的動物性，而是尚未透過教育等手段社會化、最原始的人類感受性。

就這個層面的意義來說，尼采的思想也被稱為「生命的哲學」。因為尼采非常重視人類在被社會化之前的自然生命。

而且，景仰尼采的沃夫岡・馮・歌德[19]也是一位重視人類原始生

19 歌德：約翰・沃夫岡・馮・歌德（Johann Wolfgang von Goethe）。德國詩人，也是歌劇《浮士德》等名作的作家（一七四九～一八三二）。

命的文人。

因此，歌德才會說：

「每天都過得像人生從今天開始一樣。」

意思就是「以遠離世俗常規、想法、常識的自己為中心，開始自己的人生。」

「好薩馬利亞人」教會我們的事

越是融入社會、接受支撐社會的既有價值觀念，就越容易被當作是優秀的社會人士。

然而，誠如本書一直提到的，世俗（尤其是收益至上的資本主義世界）的價值觀念，殘酷地將每個人區分出明確的高下優劣。

這種價值觀念秉持著「對社會生產性、維持社會秩序有所貢獻，才更有價值」的態度。這樣對社會才有幫助，愛與和平之類的話只是粉飾太平的詞彙罷了。

這種世俗的想法已經根深蒂固地埋在人類的生活倫理之中。

因為深愛對方而交往，被視為一種冒險。如果對方的收入高於平均值，周圍的人就會覺得這樣很體面。

甚至連這種個人的人際關係乃至結婚，背後都隱藏著社會性的利益考量。

連生活倫理都要仔細盤算，這並不是生活在現代資本主義社會才有的特殊現象。距今二千年前的以色列也一樣。

為什麼我們會知道？那是因為《新約聖經》中有記載。那篇文章被稱為〈好薩馬利亞人〉，是很知名的一段故事。

簡單來說，故事是這樣的：

有一名猶太旅人倒在神殿所在的耶路撒冷都城往耶利哥的路旁（距離約為三十公里，高低差達一千零九十公尺）。他被強盜洗劫，衣服、行李都被搶走，而且幾乎去了半條命。

猶太教祭司經過那條路，雖然發現瀕死的男人，卻假裝沒看到，遠遠地繞過去。

接著，繼承低級祭司之職的利未人經過時看到瀕死的男人，一樣也裝作沒看見快步走過。

第三個經過的是騎著驢子的撒瑪利亞人，他不僅幫忙處理了傷口，還讓旅人騎上自己的驢子，把旅人送到住宿的地方，把旅人照顧得非常周到。

「主動跳入漩渦中」才能改變現實

剛才大致介紹的〈好薩馬利亞人〉是全世界家喻戶曉的故事，大多被解釋成「有人需要急救時，必須放下思想與教義的差異[20]出手相

20「思想與教義的差異」：撒馬利亞人和猶太人、利末人屬於相同民族，但猶太人和利末人將耶路撒冷視為聖地，而撒馬利亞人則將格里西姆山視為聖地。因此，猶太人認為撒馬利亞人是異教徒，平時處於敵對狀態。

助」的人道主義。

因此，隸屬現代基督教圈的西歐諸國借用這個名稱，施行「好薩馬利亞人法（Good Samaritan laws）」。

這條法律的內涵是「為救助蒙受災難或陷入困境的人，出於善意做出無償的行動，最後即便沒有成功救人也不會被問責」。

除此之外，這個故事也可以有截然不同的解釋。

那就是人對眼前發生的一件事，會有兩種不同的態度。

這兩種態度就是人類的兩種體驗方法。

對一件事情的兩種具體態度分別是「親自去做」和「計算得失之後決定忽略」。

這兩種態度看起來就像單純的ON和OFF。然而，這兩種態度屬於完全不同次元。

首先來談談考量很多之後，決定不插手眼前這件事的情形。決定不插手的根據究竟是什麼？

這項根據真的是事實嗎？不，那一定不是事實。而是自己擅自想像出來的東西。譬如「要是插手的話，一定會變成這樣」之類透過自我推測或計算的想像。

如果自己有事要忙，沒時間出手救人，或者怕之後會變得很麻煩而不想被捲入，就會決定不插手。

然而，實際上原本要忙的事情可能變得一點也不緊急，插手也不見得會被捲入麻煩之中。

因此，仔細想想，即便計算各種利弊得失，那也和接下來會發生的事實毫無關係，彼此之間也沒有影響。

因為那些提前想到的事情，都只是想像（或者說是空想）接下來會發生的事而已。這就等於是把幻想當成事實，而且還因此感到恐懼。

對待事情的另一種態度，就是「親自去做」。

這就等於直接「接觸」眼前的事實。直接接觸事實，會讓自己也變成事實的一環，所以這個行為一定會影響現實並帶來變化。

經驗就是「自己內部發生的變化」

我們往往很輕易且毫無意義地說出「經驗」這個詞。

譬如一定有很多人認為，「曾經去過」某個地方、「曾經做過」某件事就算是一種經驗。

「親自去做」才能影響現實。

然而，如果這種東西也是經驗的話，那經驗就像孤島一樣，是個獨自漂浮在海上的遙遠記憶。也就是說，和其他事情沒有連結，那樣的經驗幾乎沒有為自己現在的生存方式賦予意義。

針對經驗，宗教哲學家馬丁・布伯在他主要的著作《我與你》有這樣的描述：

「所謂的經驗，不會發生在世界與自己之間。經驗只會發生在人的內部。」

譬如說，遵照戀愛指南和對方一起約會、吃飯，就算是有戀愛經驗了嗎？應該不是吧。

如果自己沒有真心喜歡對方，就不能說「有戀愛經驗」。光靠步驟和行動等形式，沒辦法讓人擁有戀愛的「經驗」。

所謂的經驗，是一種源自於自己內心的某種關鍵性變化。

因此，只有自己心裡不自覺地每天只想著對方，才能算是真的談過戀愛。

內心有這樣的感覺再「體驗」戀愛，世界的景色看起來就會和以前截然不同。然而，世界本身並沒有發生什麼特別的變化。

這一點，其他的經驗也都一樣。用譬喻的方式來說，一個可見全貌的事實是悲劇還是喜劇，取決於自己的內心如何反應、接觸、行動。

無法「體驗」人生的病

如同前文的說明，無論碰到什麼樣的事情，只要自己內心沒有任何反應，就不能算是真正「體驗過」。

因此，唯有真正體驗過才是真正度過人生。你只能靠活生生的身體和心靈體驗。

只用身體或心靈是無法體驗的。虛擬的體驗只是虛擬，並不是真正的經驗。

真正親身體驗過，才不會用敷衍的態度對待當下接觸的人。所謂的敷衍，指的是把對方當成工具之類的行為。

如果一直把對方當成工具，那麼無論過多久，自己都無法擁有「真正的經驗」。也就是說，如果疏遠對方，自己也會隨之離人生越來越遠。

因為把對方當成工具時，自己也會變成一根有開關的棒子。雖然擁有人類的外表，但是和工具、機械沒什麼不同。

現代人在工作時會不知不覺產生煩惱的原因就在這裡。

大多數的商業行為都是為了獲得利潤，因此必須把成本控制在最低的狀態，然後提升方便度與收益。

此時，商業行為會著重在效率、方便性、速度、泛用性等，為實現這些條件，就會在各種場合促使人類工具化、角色化。

此時，人就會輕易地被工具化或者被當成負責某種功能的零件。就連購買商品的人，都是冠上「消費者」這個名稱的工具。

這種態度不僅限於商業買賣的範疇。人類在不知不覺中被工具化，而且還變成一種習慣。甚至也有人在一般生活倫理之中輕易地被工具化。

結果造成有人會把提供服務的店員當成奴隸，對店員說：「喂，你過來。」還用下巴對人呼來喝去，甚至也有已婚人士把太太當成傭人的現象。

這些病源來自把追求目的視為正途的偏頗價值觀。

商業行為的目的在於擴大收益，但是這種價值觀不應該越界用在一般生活之中。

如果徹底執行商業行為上的價值觀，有可能會打造出人格異常的有錢人，但是相對之下，這個人就會過著缺乏「真實經驗」、非常膚淺的人生。

「去愛吧」的意思就是「去經歷真實的體驗吧」

我們身邊近在咫尺、通往「真實體驗」的方法就是愛。

只有在真的愛上某個人的時候，才會內化成自己的經歷。如果只是嘴上說「我愛你」，卻一直遠遠眺望，那就不算曾經體驗過。

基督教被譽為「愛的宗教」，以「愛」為理念宗旨。然而，回顧歷史就知道，基督教並不愛其他國家，所以不斷上演戰爭與佔領。

這是因為「愛」只不過是一個理念。

然而，只要打出理念這個招牌，人就誤以為仰望那面招牌的自己也站在高處。實際上他們只是把非基督教國視為野蠻國家，試圖在他國推行基督教而已。

在這種情況下成為理念的愛，當然不會是行動，而單純是一種招

「戀愛的經驗」=「悸動的感受」。

牌或商標。

光看《新約聖經》的描述就知道，耶穌從頭到尾都沒有說過「把愛當作理念」這種話。但是，耶穌曾說「去愛吧」。

他建議大家去實行「愛」。因為這是理所當然的事，而且愛就是通往真正體驗的道路。

無論是神的自我犧牲之愛還是人類的性愛，分析希臘語中「愛」的概念或研究耶穌面貌後，仍然無法找出愛的內涵。因為愛是與現實相關的行為。

當然，這是透過自己行動才能體會的事，無法用語言清楚說明。因此，耶穌才會用「愛世人」的行動來表示，用語言傳達的時候也會先說：「這是寓言。（所以不要當真）」

儘管如此，至今仍然有很多人認為基督教是宗教，其中擁有宗教般的神秘內涵。在耶穌死後才出現基督教這個宗教，而基督教中隱含的神秘內涵，則是從基督教衍伸出各種難以理解的超自然神秘現象。

耶穌並沒有把自己說出的教誨塑造成宗教。他只是期盼世人透過愛，在每個人的人生中創造許多體驗。

因為只要這麼做，世界就會改變。當然，世界本身並不會產生物理性的變化。如果能用不同的眼光看待現在的世界，世界就會改變。

也就是說，只要改變體驗的方式，自己的世界就會跟著改變。

> 改變「體驗的方式」，原本無聊的日子也會像打開驚喜盒一樣新鮮有趣

Part4

我們追求的「救贖」可以靠「頓悟」實現嗎？

擺脫「無聊自我」的提示

終生擺脫「日日鬱悶」的終極方法

如同之前提到的，我們看到的並非世界的原貌，而是自己心中產生的世界樣貌。

然而，我們卻一直以為現在自己所看到的世界就是原貌。

接著，對自己當下的存在，感到無邊無際的窒息、不完整、無處逃脫的絕望。

然而，即便是在這種時候，人的身心也不會完全毫無縫隙地被世俗滲透，成為世俗永久的奴隸。

人還是會保留一點點想要憑一己之力排解鬱悶的心情。

譬如說，工作一整個禮拜的人，到了假日就會有解脫感。因為人從工作和人際關係等社會性的束縛中解脫，所以可以感受彷彿得到救贖的感覺。

對當事人來說，會有終於回歸原本自我的感受，也會為可以自由做任何事而感到喜悅。

那就是掙脫束縛，同時也回歸原本的自我。

然而，人不會認為這是真正的「救贖」，是因為知道最後還是要再回到社會的束縛之中。

另一方面，大家往往會想像宗教性的救贖是不會變動、能徹底翻轉人生的超然存在。

如果說只有在宗教內才能獲得救贖，那不就等於是告訴人們只有在會員制俱樂部喝的酒才會醉嗎？不僅如此，住在無宗教區域的人，也等於沒有機會獲得救贖。

如果真的有所謂的救贖，機會應該要開放給任何人才對。

我認為從古至今東西方都提到的「頓悟」就是一種救贖。

如果有人說「頓悟是佛教的終極境界」，那視野未免太狹隘了。救贖和頓悟的性質相同，就像世界各地語言不一樣，頓悟的名稱和表達也會跟著變化，只是這樣而已。

本書接下來會針對以頓悟為主軸的救贖，談論救贖之路與我們的生存方式、經驗之間的連結。

我們看著自己內心想像的世界，覺得很痛苦。
真是太奇怪了……

◎釋迦牟尼想傳達的真正的「頓悟」

在佛教中的救贖就是頓悟。

話雖如此，現代日本的佛教已經像是專門舉辦葬禮等儀式的機構，已經不追求透過頓悟得到救贖。每天只忙著有錢賺的活動或葬禮。日本佛教很少有宗教性的教化活動。

即便是專門的僧侶傳道說法，大多也只停留在比一般道德更低層次的內容。

如果提問，只會得到「救贖就是死後成佛」這種完全扭曲的答案。

原本的佛教並沒有這種教誨。

自釋迦牟尼開始，佛教就一直以頓悟為目標。因為頓悟，會為人帶來救贖。

「頓悟」這個詞，在日語中實在太過神秘。更明確地說，應該是「頓悟」這個詞已經被神秘化。為什麼會被神秘化呢？因為有很多佛教相關人士完全沒有頓悟過，再加上有神秘的元素才能成為宗教，如此才能靠信徒的捐款賺錢。

「突然懂了」就是「頓悟」

就算一般僧侶不懂得什麼是頓悟，也不代表現實中不存在頓悟。另外，即便不是佛教徒，世界上也有不少人曾經有過頓悟的體驗。與宗教無關，從很久以前就有人體驗過頓悟了。關於這件事，容後再述。

話說，頓悟用英語怎麼說呢？其實就是understanding。

也就是說，頓悟沒有別的意思，就是「懂了」而已。

英語裡面也可以說成enlightenment，這個詞可以譯成「啟蒙」。

表示在黑暗的地方照進一道智慧之光。

在德語中表達頓悟的詞彙也有好幾個。

譬如Erleuchtung、Begreifen、Auffassungsgabe都表示頓悟。

這三個詞彙的主要意義分別是「照進（含有啟示意義）的光」、「掌握（表示理解的意思）」、「理解能力」。

也就是說，「突然懂了」某件事就是頓悟。

那麼，所謂的「某件事」指的又是什麼呢？而且，為什麼「懂了」就能獲得救贖呢？

為什麼會突然發生這件事呢？

人類有強烈「想了解事物」的欲望

人類心中都有一股強烈的欲望。那股欲望就是「想了解事物」。如果從未見過自己的父母或兄弟，就會想要知道對方是什麼樣的人。讀推理小說會想知道真正的犯人是誰，看戀愛劇就會想知道登場人物的心理變化和人際關係的進展。

在生活或工作中如果出現某些問題，就會想要知道原因是什麼？該怎麼做才能解決問題？

就連讀書這件事，不，應該是所有的學問和研究，都來自「想了解」、「想知道」的欲望。這是屬於「理解」的了解方式。

所謂的理解，就是按照理論，也就是像數學那樣用邏輯了解事物。還有另一種了解事物的方式是發現過去沒看見的東西。

譬如警察的搜查機關發現證據，因此找到嫌犯。科學也是透過新發現瞭解架構與組成元素。走進迷宮的小蟲，怎麼會知道迷宮的出口在哪裡呢?牠只能一直走，直到抵達出口為止。也就是說，只要沿著每一面牆走，總有一天會走到出口。搜索所有資料，藉此類推並抽出共通的部分，這種作法和電腦幾乎相同。

頓悟也是一種「理解」。然而，頓悟的方式和「理解」不同。頓悟的方式非常接近一下子就掌握狀況，或者可以說是完全掌握狀況的狀態。又或者像是沉在大海裡那樣，全身都沉浸其中的感覺。

話雖如此，上述這些描述仍然不見得能完全套用。體驗的人所用的語彙不同，表達方式也會跟著不一樣。

佛教、猶太教、基督教、古印度宗教哲學領域都有人體驗過頓悟，雖然在所屬文化的影響下讓體驗者的表達有所不同，但他們經歷過的頓悟都是一樣的。

為什麼他們體驗到的頓悟都一樣呢？因為其中有以下的共通點。

他們都體驗過自己與萬物合而為一、自我消失、時間與位置的虛無化、對自我存在的肯定感、溫暖的寬恕等，而且當下了解到渾身沸騰的喜悅。

而且，這樣的體驗，就能讓人感覺得到救贖。

這就是頓悟的世界——覺醒之人的「頓悟體驗」

對「頓悟境界」的誤解

佛教經常隨便使用「頓悟的境界」這種句子。

這就是導致大家誤解頓悟的原因之一。

一說到「境界」，大家就會覺得那等於是移居到某個特別神聖的地方。

而且，要一躍進入該「境界」是一件非常困難的事情。

這種誤解是來自大家受到「境界」這個詞彙的字義束縛。

這種低層次而單純的誤解被廣為宣傳，除此之外，還有一種誤解是認為頓悟過的人會一直處於特別的境界之中。

大家大概會想像頓悟的人過著隱居在深山幽谷、以雲霧為食的生活，就像仙人那樣，是和人類不同層次的存在。

這種誤解日積月累，導致頓悟之人被當成有人類外表但其實不是人的存在，而且這樣的誤解還廣為流傳。

甚至是「佛」這個字，還特意在「人」字旁加上具有否定意義的「弗」，代表「非人」的意思。

無論如何，頓悟一直被當作是有別於一般人類，活在不同次元中的感覺。

「萬法歸一」

釋迦牟尼並沒有說過頓悟是什麼，也沒有說過頓悟之後會產生什麼變化。

只有頓悟過的人才知道頓悟是什麼，或者是說只有親身體會才能知道頓悟會了解什麼。

然而，頓悟的內涵不一定能用語言表現。因為要表達一件事，需要充足的語彙和表達能力。

即便如此，一部分曾經體驗頓悟的人仍試圖用語言表達。

譬如像是以下的表達方式：

「娑婆世界、西方淨土皆為一方，十萬微塵世界皆為我物，南無

阿彌陀佛，南無阿彌陀佛。」（淺原才市[21]）

「心即是佛。」（馬祖道一[22]）

「佛是麻三斤。」（洞山守初[23]）

「只要過了三日，對他來說萬物都沒有區別了。」（莊子）

來自不同時代、地點、宗教背景的人，表達乍看之下各有不同，

但都在描述一件事。

那就是「萬法歸一」。

21 淺原才市：留下許多宗教短詩的木屐匠人，也是淨土真宗的信徒（一八五〇～一九三二）。詩中表達出萬法歸一的喜悅，鈴木大拙晚年非常喜愛他的詩。

22 馬祖道一：中國唐代的禪僧（七〇九～七八八）。

23 洞山守初：中國宋代的曹洞宗開山祖師（九一〇～九九〇）。

◎這個世界是「各種存在交織的慶典」

經歷過頓悟體驗的人，都會實際感覺到什麼叫做萬法歸一。那個瞬間，你會了解到萬物和人類相同，狗屎和美人也沒有區別。你會發現飄浮在空中的雲、海水、鳥兒、昆蟲、樹木無疑都是自己本身，當然，他人也不例外。

西元前印度的《奧義書》就已經有充分了解這一點。《奧義書》用以下述的內容呈現。

「世間由老虎、獅子、野狼、野豬、蛆蟲、小鳥、臭蟲、蚊子等『有形物』組成。細微之物、世間萬物皆為真實存在。汝亦如是。」[24]

也就是說，這個世界就是充滿各種存在的慶典。

在頓悟的瞬間，人就能徹底了解到這一點。

或者是說，存在本身不需要用語言就能在當下說明。

雖然這個說法很奇怪，不過實際上的確只會有這種感覺。

24「世間」：《奧義書》的部分摘要。收錄於《人類的知識遺產2《奧義書》中的哲人》。

「死即是生」的境界

即便會感覺到萬法歸一，但不代表失去識別能力。

頓悟代表自己脫離過去的世俗價值判斷，完全接受這個世界。順帶一提，這就是「出世」的原本意義。

所謂的出世，指的就是跳脫世俗的價值判斷與認知方式。

正因為擁有萬法歸一的感受，才會瞭解生與死並非相反概念，而是指同一件事。

不會像以前一樣忌諱、試圖遠離死亡，反而會感受到死亡就像生存一樣平易近人。

詩人阿蘭・西格[25]以生動的詩句描述這種心情。以下摘錄他知名詩作〈與死神約會〉[26]的一部分。

在激烈的戰鬥之中，我與死神約會。
當樹葉搖晃樹影、蘋果花滿開的春季再度回到大地時，
當春天再度把清澈的藍天帶到我面前時，
我等著死神來赴約。
（中略）

---

25 阿蘭・西格（Alan Seeger）：自哈佛大學畢業後，他一邊寫詩一邊從軍，是隸屬法國外籍軍團的美國士兵。他在法國北部小鎮盧瓦昂桑泰爾（Belloy-en-Santerre）與德軍進行壕溝戰死，得年二十八歲（一八八八〜一九一六）。

26 「與死神約會」：原文標題為「I Have a Rendezvous with Death」。

春天再度來到因砲彈而幾乎崩毀、充滿彈痕的山丘斜坡，我與死神約在草叢中開出小花的時候。

一讀就知道，這是一首耀眼到幾近刺眼的詩。

與死亡接觸，對「我」來說就像是要見到相愛的戀人一樣興奮，所以才會說是與死神約會。

頓悟之後，就不再害怕死亡

頓悟之後對死亡的感覺就會為之一變。再也不會懼怕死亡。因為死亡只是一種宛如色彩變化的現象而已。

頓悟之後就會像詩人阿蘭・西格那樣，即使有可能死亡，臉上也會浮現親密的笑容。這並非刻意忽視死亡。也不是克服死亡的意思。譬如說，覺得開在枝頭的花朵很可愛，對死亡也會產生類似的情感。死亡並非消失，死亡也是一種存在。

因為頓悟之後就會了解死與生沒有差別。如此一來，一般人害怕的死亡，對自己來說就一點也不可怕了。

光是這一點，就知道頓悟對人來說會是關鍵性的救贖。

這種救贖並不是來自觀念或思想，而是來自自我身心的實際體驗。因為是體驗，所以這分救贖不會消失。

頓悟大致有兩大特徵：

・開啟不存在時間的世界，讓人實際感受到一切合而為一。

・能從所有存在之中找到光輝、安心感、充盈感。

右邊這兩點會在自己的日常生活中產生以下的變化：

・不會讓認知和智慧走在前面。
・獲得足以讓經手的事物和自己融為一體的專注力。
・在孤獨（solitude）之中感到充盈。

接下來將依序說明頓悟的兩個特徵，具體而言是什麼感覺。

「自身」向外擴散的感覺

萬物皆同的感受，不能透過「雖然型態各異，但本質相同」這種思考性方式的理解。

只能真實感受到萬物相同而已。

自己和自己周遭事物的差異會完全消失。

這種感覺會出現在頓悟最一開始的時候。

那是名為「自我」的堅固框架一瞬間消失，逐漸向外擴散，滲透到所有存在之中的感覺。

然而，這並不代表萬物化為自我，而是自己的生命在萬物之中自然而然變化的感覺。

雖然這很難用語言形容，但感覺非常鮮明、不容置疑，就連經歷頓悟的自己也會覺得驚訝。不過，因為實際上已經產生物理性的改變，所以只能愣愣地看著而已。

生於鎌倉時代的禪僧道元把這個瞬間的感覺稱為「身心脫落」。然而，這並不是一種往下墜落的感覺。

而是本來應該在自己所處之地的身心擴散到四方的感受。與其說「脫落」，不如說「揮發」更貼切。

不自傲也不自卑的「淡然處世」

西元前五世紀的釋迦牟尼對修行的弟子們推崇男女平等，這可以推測是從萬法歸一的感覺自然而然產生的。

一旦體會過萬法歸一，情緒就會變得比較平淡。

應該是說，因為已經有過肯定萬物存在的經歷，所以便了解當下發生的事情不重要也不存在什麼關鍵性。

因此，即便情緒有波動，也會比以前更平淡。

相較之下，一般人的反應就非常激烈。這種情感波動往往過剩而且暴力。

因為一般人擁有強烈的信念，認為「這件事就應該這樣」、「這樣做完全正確」，所以對偏離既定軌道的事情會做出近乎暴力的判斷或者有排斥傾向。

只要有過萬法歸一的經驗，就會肯定萬物原本的樣貌，因此就算出現否定世俗一般認知的狀況，也不會擺出攻擊的態度。

能用「這樣就可以了」來肯定一切的境界

體驗過萬法歸一的感受，會讓人獲得平靜。

在體驗的當下會湧起一陣「原來世界是這樣組成」、「原來這樣就好了」等深深的感慨，也為此感到安心。這近似於一種理解。

雖然是理解，但並不是了解事物構造或成因這種明白的理解。應該是說，沒有理解任何一件事。

而是親眼見證世界如此一體，那就只能點頭認同的感覺。

因此，這種時候的狀態根本無法用文字呈現。

雖然無法用語言精確地說明頓悟，但盡量留下文字敘述並非徒勞無功。

二十六歲時體驗過頓悟的鈴木大拙後來這樣說：

「……從心理的主觀面向來看，頓悟的確具有關鍵性。像是『原來這樣就好了』或者『就是這個、就是這個』這種自證之明，就是一種頓悟。……眼前沒有任何人事物，自己和萬物就是一體。」

「突然忘了自我」

鈴木大拙頓悟時的狀況和心理，在他寄給西田幾多郎的信件中描述得很詳盡。以白話文來說，大概就像以下這樣：

「我像往常一樣在鎌倉的寺院裡坐禪，結束之後我離開禪堂，為了回到居所而經過月光映照的樹木之間。當我走到山門附近的時候，突然忘了自我。不對，我並不是完全忘記。在月光下，樹影清晰地映在地上，彷彿一幅畫，但我自己也在那幅畫之中。自己和樹木之間沒有區別，分不清樹木是我，或者我才是樹木。最後我還是回到居所，但心裡覺得很舒暢，充滿淡淡的喜悅。……（中略）……此時，我感到心安。」

這段經歷包含很多頓悟之人的共同點。

鈴木大拙在後來的著作《禪學隨筆》提到頓悟時的特徵有「瞬間、完整、直接、關鍵、一體」。

頓悟就在一瞬間！

頓悟時有不少人會因為心中默默湧現喜悅而露出微笑。

譬如禪僧香嚴智閑。香嚴是罕見的聰穎僧侶，但他因為無法回答師父的問題而感到羞愧，於是燒光自己擁有的書籍，成為一名為修行僧準備飯菜的小僧。幾年後，他入山種竹子，過著孤獨的生活。

某天，他正在打掃道路。瓦片的碎屑彈起敲到竹子，因此發出聲響。此時，香嚴突然頓悟了。然後，他笑了出來[27]。

香嚴把這段體驗寫成詩文。

27「笑了出來」：香嚴笑出來這件事記載於《景德傳燈錄》中，但道元的《正法眼藏》並沒有提到。

「一擊之中，忘掉了一切情識，乃知悟道並不靠假借外力的修持。」[28]

這段頓悟的時間大概有多久呢？

剛才提到的鈴木大拙在《禪學隨筆》中，提到自己的頓悟只有一瞬間。

實際上自己體驗過就會知道，當下只會被無邊無際的寬廣空間震撼，完全不會意識到時間。

等到回過神來，也只能推測大概過了多久。

28「一擊之中……」：原文為「一擊忘所知，更不假修持」。

一切都合而為一

頓悟指的就是一切都合而為一的體驗。

日本曹洞宗的開山祖師道元也曾經留下〈辨道話〉這篇文章，清楚描述「萬法歸一，所有時間都融合在一起」。

這種狀態不分人種和宗教。譬如說，天主教神父安東尼．戴邁樂（Anthony de Mello）就用這種表達方式：

「只要了解大自然就是我們的家，就不再是流浪之身。」

除此之外，戴邁樂也這樣形容與當下事物合而為一的態度：

「洗碗的時候有兩種方式。一種是以洗乾淨為目標，另一種是把洗碗本身當成目標。第一種方法是死的。因為在身體洗著碗的時候，心裡想的是要洗乾淨這個目標。然而，第二種方法就是活的。因為身心都朝同一個目標前進。」

關於頓悟時的喜悅，他用幽默的方式比喻。

「（神父回答頓悟時的喜悅究竟是什麼感覺）即使失去一切，感覺也不過是像弄丟一個玩具。」

從天主教神父安東尼．戴邁樂體驗就能明確知道，頓悟沒有宗教的差異，而且頓悟就表示萬物一體。

頓悟是全世界共通而且普遍的東西

本書引用過的宗教哲學家馬丁・布伯（Martin Buber）年輕時曾有多次頓悟的經驗。

那些經驗簡單歸納之後，大致如下：

「我曾經有過時間突然像被抽出事物之外的感受。」

「也曾經因為某件平凡的事，譬如說一直盯著某個很熟悉的東西就陷入頓悟之中。」

「不過，也有那種時間突然像被撕裂一樣的感覺。」

「原本堅固的世界架構，還有更堅固的自我意識紛紛散去，我就像一個沒有實體的人[29]。那是一種連自我意識都喪失的空虛之人走向充實的感覺。」

「當時，伴隨各種雜事的日常生活退到遙遠的另一頭，這裡在沒有時間規律也不連續的狀態下出現忘我、光明、陶醉的感受。」

「只能用例外、脫離、脫出、脫我等『宗教性的現象』來形容。」

「如果說這就是宗教，那宗教就是一切。」

這裡的第四個引用內容，指的是自己逐漸揮發融入這個世界，但沒有消失，而是進入世界存在的充實感之中。

簡而言之，就是宣告自己與世界融為一體。

29 「沒有實體的人（Man）」：德語中不是指個人，而是表示「普遍的人類存在」之意。

包含這些重要的地方在內，猶太教徒馬丁．布伯的頓悟體驗，和擁有其他宗教的信徒或者沒有信仰的人一樣。

從一點就知道，頓悟可以說是會發生在任何人身上的事情。

話說回來，瀕死體驗之類的事情也會發生在每個人身上，不過瀕死體驗的特徵就是體驗者會在臨死之際看到符合宗教文化的光景。

然而，頓悟無論在哪個時代或文化圈，大家的經歷幾乎都一樣。

也就是說，頓悟極有可能是一個很普遍的現象。

我的「頓悟體驗」

為了給大家做參考，我也在此提供自己的頓悟體驗。

家母長期住在醫院，家父罹患失智症，我一個人要準備父親的三餐和幫助他排泄。某天我從母親入住的醫院回家，順道採買食材。當我朝回家的方向騎著腳踏車正要過橋時，突然就頓悟了。

當我看見夏季的空中湧起美麗的雲朵，便在毫無徵兆的狀態下，感覺到自己突然變成夏季雲朵的中的一顆水滴，同時也變成雲朵下方的一切萬物，譬如樹木、風、塵埃、小鳥、昆蟲、人類。

我自己就是萬物，但並非我自己擴散成萬物的意思。「我自己」仍然是確定的存在，而且獨一無二。

儘管如此，我仍然知道自己同時也是等同於萬物的存在。

無論是什麼，每一種存在的狀態都是我，沒有尊卑高低等差異或階級。

那樣的狀態，具體地讓我了解「無」是什麼。

「無」並不是「沒有」，也不是獨一無二的特別存在，而是無論什麼樣的事物，都是一種存在。

世界就是存在本身。存在所處的位置就是世界。

沒有生育與滅亡、生與死的區別，萬物都是閃耀的存在。

沒有過去，只有現在永遠存在。

無論發生什麼，那都是存在的變化，是那當下的多彩多姿與當下的遊戲。

那是一個存在本身就是充滿喜悅的世界。

剛才我提到「那樣的狀態，具體地讓我了解『無』是什麼」，但實際上這種事情瞬間就能理解。

對我來說，那當下的事情。比一瞬間還要長一點，體感大約三十秒左右吧。因為在我經歷頓悟的時候，還沒進入狀況的我正踩著腳踏車的踏板接近橋梁。

我明明正在接近橋梁，但又同時身處於「存在的世界」之中，這的確很矛盾。經歷過頓悟之後，我心中充滿宛如抱著小貓的溫暖感。因為內心感到安穩、喜悅而露出微笑。

了解世界就是這樣，讓我深深感到安心。

鈴木大拙的「即非理論」

有過這樣的經歷之後，我馬上知道自己「頓悟」了。

話雖如此，一個不清楚頓悟究竟是什麼的人說「這就是真正的頓悟體驗」還是很奇怪。

不過，這無法否定我心中的確信[30]。

我二十幾歲的時候讀過禪語錄，親身體驗過之後就能輕鬆理解內容。另外，我也是在體驗過頓悟之後，才了解鈴木大拙的中心思想「即非理論」[31]。

即非理論的基礎就是「A非A，故為A」。

因為即非理論在邏輯上有問題，所以靠一般的智慧終究無法理解。

既然A非A，那麼A應該是A以外的某種東西才對。

然而，頓悟時看見的世界就是以即非理論構成的。

30 「心中的確信」：實際上我透過醫學事典等資訊確認過自己並沒有罹患人格解體（Depersonalization）之後，才閱讀《正法眼藏》、《無門關》等作品再度確認自己經歷過的體驗究竟是什麼。

31 即非理論：鈴木大拙在《日本式靈性》一書中的〈金剛經中的禪〉提到：「A之所以為A，是因為A非A，故A即A。」

譬如說，把「我」套進這個理論之中，為了方便理解把「我」打上編號以示區別，那就會像這樣：

「我①非我②，故為我③。」

這裡的①②③的「我」雖然名稱都相同，但存在的次元並不一樣。

「我」①是沾滿世俗氣味、社會性質的「我」。

接著，「我」②不只是世俗中的個人，也是構成這個世界的存在之一、以現在的樣貌呈現出來的「我」。

因此，「我」②和「我」①並沒有完全重疊。

「我」②是比「我」①包含範圍更大的存在（構成世界的純粹存在）。

因此，「我」①和「我」②不能說是完全相同的「我」。

這個即非理論，就是在說「A非A，故為A」。

另外，經歷頓悟的絕對不是「我」①，而是衝破我①外殼的「我」②。

接著，所謂的「我」③指的就是包含①和②在內，第三個巨大的「我」。我認為這就是鈴木大拙「即非理論」的真實內涵。

莫內描繪的「不為人知的真實」

我自己在經歷過那場突然的體驗兩年後，到附近的美術館近距離欣賞法國印象派畫家克洛德．莫內的《盧昂主教座堂》系列作品。

當時我覺得這些畫就是在描繪那場頓悟體驗。

所有色彩都閃耀地存在著。

除此之外，萬物的型態模糊到不具有一般意義但又確實存在這一點，也和頓悟時的光景一樣，讓我覺得很震驚。

莫內按照自己的喜好在戶外畫畫，有可能在不自覺的情況下經歷過頓悟的體驗。

除了莫內彷彿在謳歌光線與色彩的繪畫作品之外，從他寄給友人克里孟梭的信件也能看到以下的文章。

「……我一直盡全力捕捉現象。應該是說，因為現象和未知的客觀存在緊密相關。」

這裡提到的「未知的客觀存在」可不是一般的表達方式。

既然他說眼前的現象深處有未知的客觀存在，就表示他已經強烈感受到該存在的氣息，否則不會留下這段話。

對莫內而言，所謂的「印象」並不是派別的分類名稱，而是透過印象在精神中引發某些反應。莫內認為「必須一直捫心自問，自己的印象是否真實」。

莫內在畫《睡蓮》系列作品的時候說：

「……有一次，我心裡出現一股想把《睡蓮》的主旨改成用於裝飾的誘惑。室內整體被牆面上的睡蓮包圍，在那裡會讓人產生無邊無際、沒有水平線也沒有岸邊的水面幻影。……對於生存在那裡的東西來說，就像是一個能在被花淹沒的水槽裡和平冥想的避難所。」

克列孟梭在對《盧昂主教座堂》的評論中提到「莫內的品味之所以能稱為奇蹟，是因為當他看見石頭震動，他就能透過畫作向我們傳遞震動感」。

法國美術評論家傑夫華（Gustave Geffroy）認為莫內是把自己置身在「永遠的瞬間」之中作畫。

很多觀眾至今仍覺得莫內把美麗的描繪對象畫得很美。然而，莫內描繪的不是事物，而是時間。劇作家亨利・蓋恩（Henri Ghéon）率直地指出「莫內描繪的是時間」。因此，當時的小說家普魯斯特（撰寫以時間和記憶為主題的小說）非常喜歡莫內的畫。

這裡提到的「時間」並非時鐘顯示的時間，而是隱藏在自我變化中的永恆瞬間。也就是說，正因為莫內自己有過頓悟的感受，所以才會想要表達那個永恆的瞬間。

這種類型的表達方式很像在述說頓悟的經驗。至少，莫內注視的焦點和一般人茫然眺望的地方相反。

谷川俊太郎體驗到的自然頓悟

谷川俊太郎的詩也會讓人覺得他一定感受過頓悟的喜悅。

這是一首標題名為〈一切就像女陰〉的詩，以情慾的方式描寫大自然和自己的一體感。

這首詩最後的幾行，也像本書之前解說過的阿蘭・西格的詩一樣，把死亡寫得非常光明。引用如下：

「我的身體／我的心情／就像快要融化一樣／我挖開地面／是土壤的味道／水也汩汩湧現／請把土壤覆蓋在我身上／草、葉、昆蟲也都一起／不過，這樣彷彿就像已經死了一樣／太好笑了／我是不是很想死啊？」

這是谷川六十四歲時寫的詩，但他在對談中提到，早在二十歲的時候，就已經了解與大自然融為一體的感覺。

「我是在青少年時期的時候，感受到自己像一朵波斯菊。我想應該是因為當時身處於北輕井澤的大自然之中，不過，從我十九歲到二十幾歲那段時間，一直處於自己和大自然融為一體的狀態，那樣的狀態一直持續，所以我當時真的覺得自己很幸福、很完整。」

這不就是在不自覺的狀態下，說出頓悟的特徵——自己與大自然合而為一嗎？

頓悟有別於意識變動

這種頓悟體驗是錯覺嗎？

或者是說，只是醫學上的意識變動而已？

不過，可以確定的是，這並不是在服用強烈藥物之後出現的廉價幻覺。而且，在恍神狀態中的幻覺會持續更久。

頓悟的體驗對本人來說就是事實。然而，本人若是說出經歷，聽的人只會覺得不可思議。

或者會覺得那是謊言、虛構的故事、妄想、幻覺。

之所以會產生這樣的認知落差，是因為描述頓悟的表達方式非常微妙而且困難，無論怎麼說都會產生誤解。

除此之外，聽的人也只能在世俗能理解的範圍內想像。

這種狀況在基督教也很常見。

最典型的就是當人聽到「神」、「惡魔」、「天使」之類的詞彙，就很容易直接這些東西想像成客觀存在。

這類誤解在佛教中最明顯的就是自古流傳頓悟者擁有神通之力（超能力），能瞬間移動到高山或海底，還能知道遠方的人在做什麼。

然而，物理上是不可能做到這種事的。這種傳說，只不過是用換句話說的方式，以極為粗劣的手法表達「萬法歸一」。

我們是由「現在意識到的自我」和「除此之外的無數意識」組成的嗎？

體會到自己並非平常的（在社會上行動的）自己，而是世界中的一個存在，這種認知狀態就稱為頓悟。

這種狀態就是剛才說明「即非理論」中的最後一個A。

那麼，為何能夠體驗到自己變成最後一個A的世界呢？

素有心理學鼻祖之稱的威廉・詹姆斯・席德斯這樣解釋：「因為那是一種使用有別於平常的其他意識獲得的世界體驗。」

然而，「其他意識」並非只有一個。

而是有很多個，只不過自己完全沒有察覺到。

也就是說，我們先入為主認為清醒時的日常意識就是正常的原本意識，擅自判定除此之外的意識都不正常。

譬如認定快入睡時和酒醉時的意識並不正常。

如果現在「正常的」意識其實只是一個例外的特殊形態呢？如果所謂的正常只是一種先入為主的傲慢，習慣把除了自己以外的意識判定為虛假的呢？

還有其他各種意識，也存在現在「正常」意識的周圍。

然後，人會在某種契機之下，突然跳到其他的意識之中。

這可能就是一般所謂的宗教體驗或頓悟吧。

又或者會被稱為瘋狂。

然而，把這種體驗稱為瘋狂的，其實就是現在那個傲慢的意識。

正因為傲慢，從其他各種意識看來，很有可能就是瘋狂。

若非如此，世俗的世界就不會如此悽慘、充滿戰爭了。

道元的《正法眼藏》中的一句話說明了一件事

如果人從「平常的、正常的」意識轉移到其他意識時的體驗就是一種頓悟，便能理解道元在《正法眼藏》中描述的種種，不再覺得不可思議。

譬如說，書中有這樣的描述。

「人應該要知道，在自己心中以及深不可測的世界之中都有生有死。……（中略）……

活著就像人乘船一樣。雖然由我們張帆、掌舵、划槳，但船載著我們，沒有船的話我們也不存在。因為我們搭著船，船才是船。我們應該要用身體去體會這種感受。」

將這段引用文以意識這個詞彙為中心，改寫成比較淺顯易懂的文章之後就像這樣：

「自己心中隱藏著無數個意識的世界。我們應該要知道，在意識的世界中，有生的意識也有死的意識。

每個意識都是自己搭乘的船。只要搭上該意識的船隻，世界就會變成從那艘船上看見的世界，這就是自己的人生。」

我們看著清澈的藍天時會覺得那是虛無的空間。不過這是受到自己的心情和身體狀況影響的結果。

除此之外，聆聽音樂的時候，可以暫時忘記不愉快的事情，不知不覺進入恍惚的狀態。如果這些都算是意識的小變化，那麼頓悟所體驗的變化就是全身性的大幅度轉變。

真理在「自己的心中」

前面描述到的頓悟體驗，在旁人看來就像是突然闖進不可思議的世界，或者是像窺探到某種神秘世界的特別經歷。

為什麼旁人會覺得奇妙呢？因為我們思考時都用平常習慣的意識，這種思考方式只會從單方面思考。

這種思考習慣，會先入為主地認為「先看見自己以外的東西再進行判斷」才是正常的。也就是說，人們堅信身為主體的自己，必須以某種形式看到客體才行。

因為人們認為這種單方向的形式任何時候都管用，所以即便是不可思議的東西，也應該會存在於除了自己之外的某個地方。

道元知道人類有這種思考習慣，所以在《正法眼藏》的開頭就親切地寫出以下的文章告誡大家。

「人剛開始追求真理（頓悟）的時候，會認為真理（頓悟）在自己以外的地方。因為這樣，人們反而離真理（頓悟）越來越遠。只要了解真理（頓悟）就在自己心中，就能成為『真正的人』。」

道元沒有說任何難懂的話。只是告訴大家「真理（頓悟）並非藏在遠處，而是在自己心中」。

之所以有這麼多人沒發現這一點，是因為大家都被世俗的想法、看法制約了。

那麼要怎麼做才能擺脫世俗的想法和看法呢？一定要修行才行嗎？然而，在維持日常生活的狀態下，有可能同時修行嗎？

我認為不需要修行或訓練。

為了讓現在的政治體制方便管理人群而產生的倫理觀念，形塑出所謂的世俗世界。其實只要不被這樣的世俗影響，過著自己的生活，總有一天一定能夠看見頓悟的世界。

關於這種生活方式的技巧，我會在下一章說明。

「頓悟」能改變人生嗎？

透過頓悟能感受到的「無差別的世界」

只要體驗過世界合一或者萬法歸一的頓悟，人就變得比較不會靠平常的認知、知識、智慧去判斷事物。

因為平常的認知、知識、智慧只不是過世俗的附屬品。附屬於世俗的東西有一個很大的共通特徵。

這個特徵就是一定要有邏輯。

為什麼要有邏輯呢？因為人使用的語言和文章，就是一種邏輯性的產物。

人們認為邏輯是支撐現實世界根基的透明存在，但邏輯其實只存在人的大腦之中。

因此，人可以靠邏輯說服他人改變行動，但無法改變動物和事物的狀態。

以邏輯為中心的學問，到頭來只是在研究人類大腦內的活動，絕對不是在研究世界的現象。

所以無論做了多少學問，都無法了解現實世界，這是很正常的事情。

用邏輯思考，然後再進行判斷，這在禪學上就稱為「差別」。

而且，有差別就表示修行還不夠，所以禪學上非常重視進入「無差別」的狀態。

因為只靠邏輯無法整理、理解、掌握世界，也無法具體解決問題。要表達這件事，可以用切桃子的方法來舉例。

一顆桃子要分給三個人的時候，如果用差別的角度來分，就要謹慎測量桃子的大小或體積才能切成等分。因為人們希望公平均分。

然而，有人只吃甜美的果肉，也有人只吃酸酸的果肉。大自然中的桃子果肉本來就像這樣不均衡。

如果是這樣的話，用體積等分切割真的就公平了嗎？

如果用無差別的方式分食會怎麼樣呢？不需要刻意測量。只要隨便切一切，大家抱著期待的心情一起吃桃子就行了。

也就是說，無差別的方式並不會找出解決類似問題的模式，而是直接消除當下遇到的問題阻礙。

正念冥想有其局限和限制

頓悟之後，專注力通常會變得比以前更好。

然而，這和透過正念療法獲得的專注力不一樣。

曾經風靡全球的正念療法，主要目的在於獲得很強的專注力與精神上的穩定。透過訓練包含呼吸在內的冥想就能達到目的。

企業之所以採用正念療法，是希望員工加強專注力以便提高產能，抱有功利性的目的。

另一方面，在頓悟之後專注力提升，是因為經手的事物皆為一體，所以事情做起來會變得非常輕鬆。為什麼自己經手的事物會變成一體，那是因為自己心中的阻礙變少了。

這種時候的心情，就像是人心中混亂的思緒、得失與效果的計算、價值與美醜的判斷、激動的情感以及伴隨各種印象一起湧現的記憶。

我們遇到某件事的時候，就會像是早有理所當然的程序一樣，把這些想法拿來用。接著，對我們經手的事物，也像是有已經用習慣的檢測裝置一樣，劈頭就先開始下某種判斷。

因為如此，所有事物都是待處理的對象。既然是除了自己以外的對象，所以就會產生距離與區隔，對自己而言這些事物一開始就是異物。既然是異物，就不會產生親近感，沒有親近感，當然也無法忘我地專注在這件事情上。

「正在做的事情和自己融為一體」就能夠專注！

經歷過頓悟的人，無法把自己手頭上的事物當成一個待處理的「對象」。

不會像一般人那樣以冷淡的態度按照程序處理，而是進入事物之中，與事物融為一體。

這種態度不會參雜緊張的情緒。緊張是因為害怕自己做事的方式是不是有錯。

擔心自己是否出錯，是因為懷疑這件事是不是有更好的處理方法。

在這個時間點，自己已經變得心驚膽戰，只是機械性地在處理事情而已。

很多人對宗教也採取一樣的態度。

也就是說，把宗教也當成工作在「處理」。

因此，宗教變成對著佛像或神像形式上的祭拜、平常的例行公事，就像為了維持世俗體面的一件雜事。

換句話說，這等於是把宗教和人生推離自己。

生活在中世紀的埃克哈特大師（Meister Eckhart）用以下的話諷刺這種情形。

「當你心裡有很多東西的時候，神沒辦法住在你心裡，也沒辦法工作。」

埃克哈特大師在這裡提到的「神」指的就是現實世界本身。

然而，一般人不願進入眼前的現實之中，反而選擇住在自己頭腦中的想像，也就是世俗觀念與習慣的漩渦裡，然後還把這裡當作現實世界。而且，完全不願意走出來。

然而，體驗過世界萬物皆為一體的人，無論面對什麼狀況都能懷抱安心之海，不害怕接觸事物，也會用自己的方法，真誠而專注地去做一件事。

享受令人滿足的孤獨——「solitude（獨處）」

頓悟之人喜歡充實的孤獨，會想讓自己待在孤獨之中。

不過此時的孤獨，不是 loneliness，而是 solitude。

loneliness 就是所謂的孤獨，是與他人疏離的狀態，而且會因此感到寂寞鬱悶。

solitude和loneliness的共通點只有「獨自一人」的狀態。

兩者最大的不同之處就是solitude並沒有疏離感，所以本人不會感到一絲寂寞。應該是說，solitude就是滿足於獨自一人的狀態。

用比喻的方式來說，loneliness是可憐兮兮的消風氣球，solitude則是充飽氣的氣球。

loneliness為什麼會伴隨疏離的寂寞感呢?那是因為人還在尋找自身以外的價值，處於依賴世俗的狀態。

因此，如果有人突然來訪，就會感到喜悅。

因為很渴望外界的接觸，所以才會說是依賴。

對這種人來說，決定人生價值的中心點就是世俗。

另一方面，喜歡solitude獨處的人，不會對孤身一人感到不滿足。

只會淡然地獨自完成當下該做的事，而且是用強烈的專注力去做。

此時，人不會感覺到（世俗所謂的）時間的「流動」。

當事人只會覺得在世界的中心，安心做自己喜歡的事，感覺非常充實。

話雖如此，事情的進展、推動並不會變得比較輕鬆。

不過，可以確定的是，越專注越能迅速處理事物。

在獨處的狀態下才更有效率

一般人會想要避免獨自一人，是因為這種狀態不具有社會性。

聚集在現代都會生存的人，往往會認為社會性或與一大群夥伴在一起才有價值。

話雖如此，社會性的寬廣度無法提升人類的價值。「社會性很重要」[32]，是因為社會性和很多公共社會制度一樣，只不過是為了統治而生的方便工具。

神學家保羅・田立克（Paul Johannes Tillich）也在講道時建議獨處，也就是所謂的solitude。以下引用文章中的「孤獨者」就是指solitude的狀態。

「各位之中，或許有人會想在人生的某個領域內從事創造性的工作。然而，人若不是以孤獨者的方式生存，就無法擁有創造力，也無

32「社會性很重要」：因為有從統治體制中衍生出來的任意價值觀，所以「隱士」有時候會被當作輕蔑別人的詞彙。

法保有創造力。比起花時間學習創造的過程，有意識地成為孤獨者，更能讓人擁有豐富的創造力。」

只要回顧每次的經驗就知道，在獨處的時候，無論是工作或者做決定都會更有效率。

而且，人在完全獨處，也就是陷入深度睡眠的時候，身體會自行培養明天所需的能量。

獨處就是沉浸在「覺醒」之中的時間

頓悟這個詞來自梵文的博蒂（bodhi，漢字為「梵」），知道這個字源的人或許會認為「覺醒」就是頓悟的本質。

因為在字典裡面也記載「覺醒就是頓悟」。

一般的覺醒指的是從睡眠中醒來、擺脫迷惘的狀態。

此時，一般人會想像這種「迷惘的狀態」，指的是選擇食物、商品、行動等世俗日常中的迷惘。

然而，這裡的「迷惘」如同本書一直強調的，指的是以世俗知識和觀念思考的一切事物。

在未頓悟狀態下的思考與觀點，都是屬於「迷惘」的範疇。

因此，頓悟的瞬間就等於從迷惘之中覺醒。

覺醒指的是擺脫一切世俗性質的行為，但並不是頓悟的本質。

然而，實際上頓悟的瞬間並不會一直持續下去。

如果一直持續下去的話，反而會對社會生活產生阻礙。

畢竟如此一來就幾乎是在冥想狀態下看待世界，會活得像一個怪人。所以實際上過了頓悟的那一瞬間後，就必須像一般人那樣回到日常生活之中。

然而，在思考和觀點上會保留一點覺醒的狀態。

只要在獨處（solitude）的時候，人就會既寧靜又和緩地陷入這種覺醒的狀態之中。

你也能擺脫時間的概念！

一般人認為時間是不斷流淌的。

無論自己想做什麼、發生什麼事，時間總是在自己和事物的外圍，淡然地以固定的速度流逝。

而體驗過頓悟的人，卻不會這麼想。

因為他們親身體驗過，包含時間在內「世界萬物都在自己心中的感覺」。

頓悟的瞬間雖然事物會有變化，但仍能體驗到置身於不存在一般世俗性時間流動的世界。

如此一來，對頓悟之人來說時間就不是真實的存在，而是世俗打造出的眾多虛構事物的其中一項。

也就是說，頓悟之人會了解到時間只是這個世界創造出來的一種標準而已。很多人在這個標準之中，就像被湍急的河川沖走似地，過得勞勞碌碌。

然而，體驗頓悟時，人就能接觸到超越世俗標準的其他世界。那是一個寬廣無邊的世界，在那裡沒有時間之類小家子氣的東西。

《莊子》也有以下的記載。

「……他的精神就像早晨般發光，和自己面對面，觀照本質也觀照自己。當他開始觀照的時候，對他來說過去和現在皆不存在。」

頓悟的時候能明確感受到沒有時間先後的感覺，最後回到正常狀態時，才會再度回歸世俗性的時間之中。

然而，體驗過就會了解，這種世俗性的時間只是短暫的幻影。了解之後，自己心中的生存方式，當然會和過去完全不同。

能夠達到「自然頓悟」的生活方式

那麼，人什麼時候才能經歷這種頓悟呢？

或者是說，頓悟能夠透過特別的修行方法獲得嗎？

一般人會覺得問這種問題很正常，但這個問題本身就已經有偏見。應該是說，這些問題都是以背後有知識背景、條理、步驟等為前提。

這些條件只對「人類主動接觸的物理性物品製作、機械化的進展、商品類的享受」有效。

人類所謂的高效知識背景等條件，對頓悟來說都不適用。

道元的《正法眼藏》在開頭就親切地說明這件事。

「按照在世俗規範生存的自我判斷來思考各種事物，判定『這就是真實』的行為就是所謂的『迷惘』。然而，頓悟並非如此。在各種現象之中，事物的真實樣貌自然而然變得鮮明，這才是所謂的頓悟。」[33]

也就是說，人無法以主動的手段達到頓悟的境界。頓悟會自行出現，人只能被動接受。

換言之，不執著於任何事，徹底陷入忘我的狀態[34]，大自然中的各種現象就會讓你明白事物的真實樣貌。

33 「按照在世俗規範」：《正法眼藏》的〈現成公案〉中，「東奔西跑欲解析萬法，即為迷惘。萬法自來，即為頓悟」的意譯。

34 「忘我」：〈現成公案〉內的原文為「忘我之後，萬法將使自我更明確」。

因此，人無法靠自己的意志，達到所謂的「開悟」。

頓悟會自己「開始」。

專心致志的「幸福生活方式」

即便是頓悟之人，也無法避免人生之中的種種辛苦。

生活上仍然會和其他人一樣，出現困難或問題。

只不過，在辛苦和困難之際的痛苦，會比一般人減輕一點。

因為，頓悟之人會比較不執著。當然，不執著是因為已經親眼見證世界皆為一體。

既然世界皆為一體，那麼選擇和損益都不應該存在。這就是一種終極的後設認知態度。

本書已經提過，從頓悟之人的角度來看，生和死都是一種變化，只是存在的一種形式而已。擁有這種觀點的人，應該會比總是在意自己損益、金錢多寡、人生末路的人更強大。

因此，反而比較不會因想像而心生恐懼，也不會逃避照顧雙親等人生之中必經的過程，懂得伸出雙手恭敬地接受。

還有另一個元素能減輕源自辛勞與困難的痛苦，那就是專注力。

如果擁有專心致志的專注力，心靈就會和手邊的事物化為一體，世俗間的煩惱、雜念、妄想都沒有縫隙能鑽進來。

蟬也專心致志地鳴叫。完全不在意死亡將近。

「終將死去／蟬聲將盡／蟬之聲」

這是松尾芭蕉的作品。

地上的蟬，壽命所剩無幾。然而，蟬毫不在意地放聲鳴叫。蟬聲之中充滿生命力，震耳欲聾。感覺從這段俳句就能聽見蟬聲，而且那道蟬聲充滿整個世界。

那就是「生命」，就是「存在」。這應該就是專心致志的生存方式吧。

頓悟之人也喜歡在自己的生命中填滿像蟬鳴那樣的瞬間。也就是說，該吃飯的時候吃飯，該工作的時候工作，該睡覺的時候睡覺，該笑的時候就盡情地笑。

像這樣在平常就純粹地生活，其實並不是現代人理所當然的生活方式。

Part5

用「行動冥想」讓自己的世界煥然一新吧！

創造新生活的技術

「觀照」——譬如去眺望落日餘暉

我們可以讓自己的世界煥然一新。

如果能夠偶然體驗到頓悟，那麼世界就會煥然一新，變得更有深度，但是即便一直都沒有頓悟，只要慢慢改變生活方式或想法，一定也能看見嶄新的世界。

第一步就是「觀照」。

有讀過一些古典書籍的人，應該看過「觀照」這個奇妙的說法。

所謂的觀照，簡單來說就是在不抱持任何主觀或價值觀的狀態下看待事物。

不思考、不判斷，只是單純看著眼前的事物。

或許你會覺得很困難，但任何人應該都曾經在不自覺的狀態下觀照過事物。

譬如說眺望夕陽、旅遊時去到的大海、剛開始飄落的雪。

這種時候你不會想任何事情，也不會判斷美醜。

只是彷彿被吸入景色中，看得入迷。

如果帶著主觀去看，也就是以非觀照的方式去看，那麼「呂」這個字就是表示姓氏的「呂」。

用觀照的方式去看，就只能看到文字的樣貌與影子。

最好是在自己一個人獨處，並且置身於大自然之中的安全狀態下，開始持續數秒或數分鐘的觀照。

不需要決定觀照的對象。

只要單純地觀照即可。

如果是在人車交會的地方，那就會非常危險，所以必須避免這種情況。

觀照幾乎等同於冥想，都是一個通往頓悟的入口。

冥想不見得需要在師父的指導下坐禪，或者在寂靜的環境之中正經八百地進行。

不，這種冥想就只是在玩冥想遊戲而已。

把坐禪和冥想講座辦得有模有樣，還以此為生財之道的商人比比皆是。

獨自一人也能觀照。

在做手工、走路的時候也能觀照。因此，觀照又稱為「行動冥想」。

不過，這只有在附近沒有其他人的時候才能做到。所以，需要剛才提到的 solitude（獨處）。

總之，只要先按照自己的方式體驗觀照的感覺，接下來就能把觀照的焦點轉向事情、狀況、人、日常問題上。

「眺望」的練習

觀察年幼的孩子就會發現，他們經常會一直盯著某個地方看。狗、貓等動物也會這樣。

觀照就是「彷彿被吸入景色中」

反觀成人，尤其是工作很忙碌、習慣輕易評判他人的人，會認為一直盯著某個東西發呆是在浪費時間。

然而，在身邊沒有他人的狀態下，靜靜眺望某個東西，對成人來說不算是無所事事。

不試圖從映入眼簾的事物中讀取意義，只是茫然地眺望，腦中沒有任何念頭，心靈保持空白，這種態度就很接近冥想。

大腦和心靈都得到放鬆，呼吸變得緩慢，情緒不知不覺地消失，時間流動的感覺逐漸剝落，時間就此消失。

彷彿身在真空之中，自己存在於此時此刻的感覺幾乎就要消逝。心靈不覺得煩悶，身體也不覺得痛苦或疲勞，感受到完整的滿足。

這種狀態持續數十秒以上，之後就像是突然被壓回水面下一樣，回到平時的意識，我們會感覺到從某種狀態中復原。

應該有人會覺得從日常的辛勞中恢復活力，或者覺得心靈被淨化，也有人在發呆眺望大自然風景時得到療癒。

無論如何，在接近冥想的狀態下，一直保持眺望，對自己的身心而言都是很深層的療癒。正因如此，冥想的語源拉丁語之中，也包含「治療」和「藥」的意思。

對獲得諾貝爾文學獎的小說家托妮・莫里森（Toni Morrison）來說，眺望就是冥想，她從中獲得了創造的力量。

每天早上五點左右起床，泡杯咖啡再凝望陽光照進來的光景，這就是她每天的儀式。

> 「每個作家都會下功夫刻意接近自己想連結的地方。譬如說能讓自己成為傳播者、能參與寫稿這個神秘過程的地方。以我來說，陽光

就是開始寫作的信號。不是進入陽光之中，而是在陽光出現前就待在那裡。就某種意義來說，這個儀式等於啟動了我的開關。」

「拋棄激動之心」的方法

每天忙碌生活、勞心勞神，感覺就快要被壓垮，儘管如此還是有層出不窮的新問題。

那些都是物理性的問題嗎？

種種問題真的會不可思議地從周圍湧現嗎？

其實應該不是這樣的。

頂多只是事物有些許變化，或者是周圍的人對一件事的評價和態度有一點不同而已。

因為就物理觀點來說，曼赤肯貓不會變成獵犬。

儘管如此，人還是會感覺到事物彷彿有爆炸般的膨脹感。這是因為自己的心不斷被事物或狀況的細微變化影響。

就像電視劇裡的登場人物一樣。

因為一點小事就痛哭失聲、沮喪、暴怒、分分合合、暴力相向，只因為當下的損益而在天堂和地獄之間忙碌往返。

他們只不過是被世俗間的小小變化翻弄而已。

人之所以覺得問題堆積如山，其實是因為自己的心在躁動。

心靈躁動的狀態就像喝醉酒，不僅什麼事都做不好，就連冷靜下來站著都有困難。

為了不要淪落至此，觀照事物的變化也很重要。

先遠眺事物的狀況，不要急著馬上做判斷。

如果能做到冷靜地遠眺，接著就可以開始努力理解。

然後，從容不迫地起身去做力所能及的事情。

對人也一樣，先從觀照開始下手。如此一來，對方或許就會覺得你是一個很穩重的人。

然而，要讓自己的心冷靜下來需要一點時間。這段時間也會讓你有餘裕能夠看透對方。

重複並學會這種態度之後，就不會被事物或對方影響。

儘管如此，這並不代表人變得遲鈍。你只是拋棄不斷被外界影響的習慣而已。

拋棄這種被外界影響的習慣之後，「心」就會消失。

心消失並不代表人性消失，你只是拋棄被外界影響的「心」而已。

拋棄以前容易受影響的「心」，就表示徹底拋棄當場下急躁判斷的壞習慣。

不預測未來——把意識集中在「當下」

拋棄容易受影響的「心」，就等於「出世」。

如同本書先前已經說明過的，擺脫世俗價值觀就是「出世」原本的意義。

能擺脫世俗價值觀的人並不多。

即便我們以為突然改變心意、按照自己的偏好選擇事物是自己個

用「觀照」的方式看待人

人的行為，但實際上大多都受到世俗價值觀或風潮的強烈影響。

我們必須擺脫這些影響。

擺脫世俗價值觀之後，也要放棄對事物變化的推測。

不只不再推測事物的進展，也不再抱持期待。

因為事物的變化就是世俗觀念的基礎。

接著，你就會淡然地馬上開始處理現在能做的事情。

如此一來，一定能堅持到最後。

威廉・詹姆斯寫過這段話：

「雖然聽起來很像悖論，但想順利完成某件事，就得完全不在乎自己正在做什麼。」

這段若無其事的話，包含以下重要的事情。

- 在動手前不去預想或期待完成後的樣貌，總之做就對了。
- 同時也不要想把這件事做得多完美。
- 就連時間分配或進行程度都不在乎。
- 超越專注與一心一意的境界，就會和要做的事情融為一體。

對於把創作物品或作品當成工作的人來說，這是非常理所當然的事情。

因為如果不這麼做，就無法完成手上的工作。

和對方「互相融合」的技術

和手頭上的事情融為一體的工作技術，在和別人接觸時也很重要。

因為這也是打動人心的技術。

當然這不是指物理上的接近，而是從語言或態度之中了解對方的意見、心情、想法、痛苦。

只生存在世俗之中的人，會試圖理解對方。

如果人類是僅以數列構成的存在，那就有可能理解，並且從中導出解法。

然而，眼前的人類並非人造的數列。

能理解就能處理、能理解就能解決，這種想法其實只是一種傲慢的表現。

人本來就不可能完全理解對方。

即便無法理解，也能融入對方。如此一來，對方懷抱的問題就會消失。

《新約聖經》中提到（乍看之下很無能）的耶穌的行動，大多屬於這種情形。

一般來說，通常會把耶穌的行為會解釋成「療癒」，然而耶穌並沒有發揮不可思議的能力療癒別人。他只是與對方融為一體，陪伴在身邊，設身處地為對方著想而已。

現代護理師的照護宗旨，應該也是這個層面的療癒。

就連貓咪也會來到其他生病的貓身邊，和對方融為一體。

不是理解，而是彼此融合

◎「單純感受活在當下的現實」光是這樣就充滿幸福感！

只要擺脫世俗，人的幸福感也會變成擺脫世俗的樣貌。

蔓延在一般世俗的幸福觀，總是和數量有關係。

譬如擁有越多財產、潛能、希望，就會越幸福。

因此，大部分的成人都只會從這個觀點來詢問小孩未來的夢想。

如同「抓住幸福」、「掌握幸福」這種說法，世俗理所當然地認為幸福是需要取得的東西。

即便曾經取得，只要稍微放手，幸福就會溜走，像隻野生的小鳥一樣。難道幸福不是心靈原本的狀態嗎？

學會擺脫世俗與觀照技巧的人，很早就發現幸福洋溢在身邊。因為，幸福就是當下的充實。

只要靜下心來，就會感到安穩充實；只要吃飽飯，調整好身體狀況，就會覺得滿足。

世俗中的人，大概會嘲笑把這種事情當作幸福的想法吧。或許也會怒罵說這樣等於毫無野心，只是當下的自我滿足而已。因為他們的幸福是要透過實現欲望才能得到的東西。他們的欲望是在遠處搖搖晃晃的抽象事物。所以不會去追求近在眼前的具體事物。

譬如說，夢想獲得龐大權力的自己一定會變幸福。因此在當下這個時間點，不，直到權力到手為止，都不可能會幸福。這樣不就等於拉長不幸又悲慘的時間嗎？他們想著要追求幸福，卻反而得到不幸。

如果擺脫世俗，只要身邊的東西就能充分滿足欲望。

譬如說和自己身體相關的餐飲、睡眠、安全的環境。

除此之外的欲望，大概就是為生活而工作的幾個必要條件吧。

只要有滿足生命必須的物品和行為，就能在充足的幸福之中生活。

◎「接受」的技術

人生中會發生很多事。

然而，平常就有觀照事物的經驗，體驗過為事物的美麗傾倒，那麼人生無論幸或不幸，應該都能坦然接受。

因為觀照就是溫和的頓悟體驗。

痛苦變得會比以前輕微。

在處理難題的時候也會多出克服的樂趣。

時間也會經常像是在呈顯永恆般地靜止。

無論自己擅不擅長，對任何事情都能和顏悅色地看待。

這是因為懂得觀照之人，不會認為世俗的差異能產生什麼關鍵性的影響。

自己就是對方，就是在路邊散步的貓咪，就是在石頭背面綻放的花朵，所以一切對自己來說都近在咫尺，隨時能夠融入。

因為萬物皆為一體，所以就算贏了也不會太開心，輸了也不會太不甘心。

如此一來，無論發生什麼都能淡然處之。

也就是說，人會變得能夠親近整個世界，甚至包含死亡在內。雖然不清楚其中的原因和架構，但就是能親近世界。

那是一種很令人懷念的親近感。

這不就是終極的救贖嗎？

「不區隔」反而能拯救自己

有區隔心的人大致如下：

能夠區隔事物；清楚了解普遍性的善惡；很懂得道理、常識、禮節，能夠按照當場狀況做出適當的行動；堅守原則。

如果有很多這種具有區隔心的人，就會產生秩序。為了形塑一個有秩序的社會，區隔（尤其對統治者來說）非常有用。

除此之外，區隔具有控制人們行為的功能。

因為區隔會產生「不能做逾矩的事」這種倫理觀念，統治者就能以倫理觀念控制人們的行為。規範和法律就是具有官方形式的倫理觀念。

和這種區隔相反的詞彙就是「無區隔」。「無區隔的行為」是一種批評和謾罵。如果是大人，就會被要求懂得相應的區隔觀念。

然而，現實之中的任何一個點都無法區隔開來。譬如說，即便是乍看之下非常單純的善惡、生死[35]也都不能畫線區隔。因為現實人生中，每件事都連結在一起，不會在途中出現明確的界線。儘管如此還是硬要劃清界線，這就是所謂的區隔。

35「生死」：關於沒有任何人能明確判斷生死這一點，請參照第2章。

也就是說，透過區隔把事物分開，再一一判斷價值，其實就是不顧現實情形的粗暴行為。

如果有誰以區隔的方式判斷自己到目前為止的人生，最後只會陷入無限循環的自我否定，然後變得憂鬱。

因此，區隔只是社會這個框架之中，也就是在別人面前做出正常行為舉止的知識而已。這是為了維持「社會世俗的體面」。

簡而言之，區隔等觀念只不過是該時代才有效的社會認知之一，也是與生命力毫無關聯的微弱觀念。

因此，自己獨處的時候如果也被區隔的觀念制約，那就太愚蠢了。自己獨處的時候，應該最不需要區隔。

因為無區隔，才能敞開心門。敞開心門就能拯救自己。

當你敞開心門的時候，就會發現該怎麼表達自己真正的心情，被區隔壓抑的敏感度與能力才會開始啟動。

幼兒、貓咪、在無區隔的狀態下活著的生物，都在告訴我們這個道理。

不要評判「自己的情緒」，而是去「感受」

我父親斷氣的時候，我心裡襲來一種想要為他喝采的心情。幫父親舉辦葬禮的時候，我覺得非常驕傲。

以他人的眼光看來，這是非常瘋狂的一件事。

然而，父親已經呈現腦死狀態超過六個月，身體連接維生裝置，從早到晚都需要看護在身邊幫忙吸痰。我一直看著他身處於這種狀態，當他過世的時候我只覺得高齡的父親終於從痛苦的狀況中解脫，由衷為他感到高興。

對事物有什麼樣的感覺，每個人都不一樣，而且根據背景和經驗不同，也會出現差異。

其實我們根本無法在形式上規定「這種時候沒有這樣做很奇怪」。也就是說，隨處可見的同儕壓力，和法西斯主義的暴力根本如出一轍。

表露出喜怒哀樂等情緒也很正常。因為人不是機器，所以不可能每個人都一樣。自己覺得很感動，但其他人不見得會有相同的感受。

就連看到或聽到一個普通名詞的時候，我們的心情都會各有不同。這是因為我們的記憶、經驗、當下的狀況都不同，所以從單字聯想到的事情也不一樣。

控制自己的心情不表露出來或者直接說都無所謂。無論選擇哪一種方式，旁人都不應該批評。

總之，我們之中的多數人，應該要先捨棄過去認為理所當然的習俗或習慣才對。

當然，這麼做一定會伴隨相應的痛苦。然而，世俗社會把「前理解」[36]視為理所當然的前提，如果不能乾脆地離開這個前提範圍，就無法擁有不沾染世俗觀念的真正體驗。

真正的體驗最一開始就是找到未被社會控制的真我，不過這並非靠事前用策略性思考想出某種方法就能做到。

只能運用自己的身體，透過體驗偶然碰到才行。

36「前理解」：既有的理解內容或者不成文的規矩。這種前理解會阻礙新的理解方式。

掙脫「原因與結果法則」的束縛

很多人在日常生活中就想太多。

但那不是針對一件事情深思熟慮，而是被日常中頻繁發生的各種小事絆住，然後為此做出各種判斷之後得到滿足。

或者是說，人會在心中一直反覆模擬狀況。當然，這麼做會讓心靈非常疲勞。

即便是主張自己很認真按照邏輯思考的人，也有不少是一直重複「這麼做就一定會變成那樣」的模式。

這樣的人碰到不利於自己的事實，往往會習慣性地認為「會變成這樣，一定是因為那個原因」。

當事人會一直認為「因果就是等於思考原因與結果」。

然而，無論怎麼思考原因與結果，都只會帶來錯誤的答案。因為人只能在有物理性證據的現象中找到原因和結果。實際上，如果是警察的科學搜查或研究機關的實驗，的確能找出現象的原因和結果。

但是針對和人相關的事物，就無法找到明確的原因與結果。在這個世界上，有很多東西乍看之下是必然的結果，但實際上無論內涵是什麼，都只不過是充滿不確定性的東西（只是包含某種程度的確定性而已）。

儘管如此，仍然執拗地認為一切皆有因果，那就表示自己不想對一定時間範圍內的事物，尤其是對自己不利的事情負責。

抑或者是心中有信仰，相信所有事物皆有因果，在這個世界上發生的一切都有其條理和原因。

然而，為了不讓自己的心靈疲勞，也應該停止不斷追問、想太多的行為模式。我們需要的是「不思考、靜靜眺望」的時光。

專注在不需要動腦的作業與勞動上

如果想要消除騷動的心情，感受豁然開朗的感覺，不需要用腦，只要專注在完全不複雜的一件事情上即可[37]。

如此一來，心靈不僅不需要勞動，還能遇見美麗的事物。

37「一件事」：我不知道機械化工廠中的流水作業是否也包含在內。這段文章設定的一件事是指任何人都能從事的戶外勞動，譬如鋤草、打掃、澆水、劈柴、沒有危險性的搬運等質樸的勞動。

因為心靈只有在不需要勞動的時候，才能開始「看見」。哲學家柳宗悅[38]在〈茶道思考〉之中，針對心靈不勞動的「看見」有這樣的描述。

「人如何能看見事物？當然是直接用眼睛看。『直接』和其他的方法不同。事物直接映入眼簾是一件很棒的事。」

直接去看，就表示人去看、去感受的時候，沒有思考、好惡、惰性等習慣介入，只是純粹地看見並感受而已。光是這樣就會讓世界萬物看起來很美。

38 柳宗悅：宗教哲學家。提倡從日常生活的工藝品中找出「使用之美」的「民藝運動」。引用文摘自《茶道論集》（一八八九～一九六一）。

專注於一件事，不只能直接看見事物，還能直接觸碰、嗅聞，用身體去感受。透過耗力的勞動，剔除頭腦中浮現的無聊判斷。

就這樣，人類的感官才會毫無隔閡地感到喜悅。

接著，「生命的感受」就變得不再只是觀念性的修飾詞。因為自己的身體在當下就能鮮明地感受到生命的律動。

令人微微出汗的單純勞動，就像同時進行全身冥想一樣，具有療癒身心的效果。

當然，勞動不見得一定能讓人陷入冥想狀態，只是在專注勞動、全身與勞動融合為一的時候，就容易一邊動一邊進入近似冥想的狀態。

為什麼說是近似冥想的狀態呢？因為這個時候自己活著並且在勞動的自我意識會消失，自己的框架也會不見，自己和事物之間不再有區別。

因為那是一種雖然身體在活動，但完全安心的狀態，當你再度回到擁有自我意識的狀態時，就會有種被療癒的感覺。

話說，我剛才用「近似冥想的狀態」或「接近冥想的狀態」這種表達方式，但不代表人能透過身心狀態量化計算出冥想的程度。

這樣算不算冥想，只有本人在經歷之後才會知道。因此，所謂「近似冥想的狀態」，指的是從身心狀況判斷出現冥想時的徵兆，所以推測應該接近冥想狀態。

用「五感」體會日常的行動冥想

solitude 這個詞目前為止還沒有可以完全對應的日文。

專心做一件事就等於行動冥想

這個詞的意思是「享受一個人的狀態」，雖然很難發音，不過我認為可以稱為「娯獨」。

然而，享受一個人的狀態和單獨享受某種嗜好，兩者看起來很類似，但其實完全不同。

享受一個人獨處的狀態，不是享受嗜好或遊戲，而是享受存在此時此地的自我。

我們往往會認為和某個人一起出門玩也是在享受自我，但即便是出門玩，實際上還是會有很多來自社會人際關係的行動限制，很少能夠享受自我。

享受自我，就是享受自己的身心狀態。

因此，吃飯的時候可以享受自己咀嚼食物的味覺和觸感。如果是眺望自然的美景，就更能在自然之前，享受自己的視覺、聽覺感受。

站著的時候可以享受肌肉發力或平衡的感覺。走路的時候也會享受正在走路的身體。享受冰冷的空氣從鼻孔進入身體、風和雨打在臉頰上的觸感。

若是覺得「享受」這個表達方式聽起來不順耳，也可以用「坦然接受自己的身體感覺」來表達享受自我。

在一般社會生活中，幾乎沒有機會像這樣接受、享受自我。大多都是用支付金錢的方式，在時間限制內從事人造的「享樂」（電子遊戲、主題樂園、夜店等）。

在世俗社會的日常中，必須一邊思考時間限制或下一個行程，一邊急急忙忙地吃飯。事前預想接下來要做什麼，卻又碰到種種意外，每次都會因為這些意外感到吃驚或受影響，一心只想著現在已經達成多少當初訂的目標。

這種生活方式，就像是被其他事情奪走自己活在當下的感覺一樣。

也就是說，這是一種不在當下的悲慘生存方式。

為了找回真正的自我，也為了盡情享受活著的感覺，至少要在放假的時候，感受獨處的喜悅。

像這樣活出自己的人生，也是一種冥想。因為是在行動的同時，內心進入冥想的狀態，所以稱為行動冥想。

在靜音和全裸的狀態下獨處

靠假日獨處找回自我的時候有一個重要的條件，那就是聲音。

最好不要有任何人造的聲音，尤其是電視之類的。當然，電子機械等機器的聲音或影像也會瞬間摧毀獨處的狀態。

人造的聲音之所以不好，是因為這些聲音都是帶著意圖和目的創造出來的。也就是說，人造的聲音就是一種命令、號令。

然而，包含動物叫聲在內的大自然之聲，反而有利於獨處。

大自然的聲音會帶給人們永恆、信任、安心的感覺，雖然有聲音，但經常讓人覺得寧靜。

儘管會受氣溫影響，但在全裸或者只穿內衣褲的狀態下生活，也會讓人重新對自己的感官有所自覺。

像這樣全裸度過一天，腰部大概會有好幾處擦傷。人也會因為這樣知道皮膚能敏感地察覺一天之中細微的冷暖變化，並為此感到驚訝。

如果一直維持獨自一人的專注狀態，時間就會感覺比平常來得長。

在這種狀態下閱讀正經的書籍，就會發現對內容的理解和平常截然不同。

或許也會感覺到作者的一句話就像冰水一樣滲入心中。如果是優秀的詩作，就更是如此。

為什麼理解的深度會改變呢？因為當下的環境、狀況、身體都會影響人對事物的理解。

在平常的社會環境中，也就是必須顧慮他人、被商務目的・期限・規則束縛的狀態下，會產生心理壓迫，所以無論事前準備多少知識和思考能力，我們的理解程度都會變得很狹隘。

然而，如果在身心沒有任何限制或強迫的獨處狀態下閱讀，能力就會徹底解放，能接受的範圍就更廣泛。

只要這樣認真地度過一天，就會心生「度過美好一天」的感慨。應該會覺得自己的心靈變得很乾淨。除此之外，也會了解到在平常的社會生活中，自己的心靈承受了多少的傷害。

就這個層面的意義來說，這一天就是淨化身心的日子。

在人群之中仍然保持獨處的狀態

用自己的方式體驗假日獨處，大概了解是什麼感覺之後，就可以在平日的社會生活中偷偷應用一些獨處技巧。

譬如說，專注於手上的一件事。在忙碌之中，能專注的時間可能很零碎，但總比完全不專注好。

這個時候不需要用意志力逼自己專注，只要有回歸獨處時的感受即可。

> 在獨處的狀態下閱讀，那段時間就等於自己與作者對話。

即便無法擁有完整的時間，專注力也能提高產能和發想的能力。因為是近似於獨處的專注，所以能夠在安心的狀態下自由思考，能力也會跟著變強。

另外，只要體會過在休假獨處中的靜謐快感，就會想說至少要讓自己的心保有這份寧靜。

有這樣的心情之後，便不會去擷取雜亂而無意義的資訊。這種態度會讓人更專注，也會打造出排除擾亂心靈之物的生存方式。

當然，也不會對身邊發生的每件事或在意的事一一發表意見或插手（一定有不少人偷偷期待外部會發生某些事。因為如果沒有這些事，他們就無法填補自己的空虛）。

一天之中少了一件小事也無所謂，少了驚訝、興奮、醉酒的寧靜日子也很不錯。

應該是說，這樣才能讓心中的獨處狀態繼續保持，只有心臟緩緩跳動的日子就很棒。

這個時候的世俗，看起來一定就像遙遠的風景一樣。

世界級文人所記錄的「行動冥想」

我想在這裡引用一些曾留下行動冥想痕跡的世界級文人紀錄。

當然，他們並非刻意留下行動冥想的紀錄，而是我偶然看見，判斷這些文字是在表達行動冥想的狀態，才會摘錄下來。

小說家亨利．詹姆斯是前文提過的威廉．詹姆斯的胞弟。亨利．詹姆斯的知名小說《大使》一書中，提到登場人物與巴黎郊外的風景融為一體。

「那道風景就像是收在長方形金色畫框裡的一幅畫。白楊樹、柳樹、蘆葦、不知名而且我也不想知道名稱的河，都在畫框中形成巧妙的構圖。天空彷彿塗上清漆、銀色、青綠色的顏料一樣。左手邊的村莊是白色的，右手邊的教堂是灰色的。簡而言之，一切都在那裡——如他所願。

那是特雷蒙特大道，是巴黎，是蘭比奈。他就在那幅畫裡，自由地走動。朝著被鬱鬱蒼蒼的森林覆蓋的地平線，他花了一個小時的時間，走到心滿意足為止。」

下一位是詩人赫曼・赫塞。他的小說《荒原狼》裡有這樣一段文章。

「……我們在充滿星光的以太冰之中，找出自我的存在。不知日期、時刻，非男亦非女，非老亦非少。……我們把宇宙之冬吸入體內，與追逐天的龍成為朋友，我們永恆的存在是冰冷且不變的，我們永恆的笑容冷冽如星子般明亮。」

接下來是醫生作家漢斯・卡羅薩〈在岸邊的森林……〉這首詩。

「在岸邊的森林／隱藏著早晨的太陽／我從河岸乘舟／太陽躍入水中，隨流水渡河時／閃閃發亮地跟了上來」

接下來兩段文章來自哲學家格奧爾格・齊美爾的〈每日思維〉，從中可以發現明顯的冥想世界觀。

「一般的思維會認為此岸有個自然世界，彼岸有個超脫的世界，我們屬於其中一個世界。然而，這是不對的。我們屬於不可名狀的第三世界，這件事被抽象化、被扭曲、被解釋之後，變成自然與超脫兩種影像。」

「我們的認知、生活、被賦予的世界與生命的整體，都只是一個片段。然而，抽出命運與活動的每個片段來看，就會發現那往往都是一個整體，是非常融合、完整的整體。整體就是碎片，碎片就是整體。」

接下來，在《義大利遊記》中，歌德提到自己的觀察與獨處時的感受。

「不管怎麼說，世界只是個簡單的車輪。周邊都保持平衡，我們也一起跟著轉動，真的很不可思議。」

「像這樣穿越萬頭鑽動的人群之中，是一種很稀奇的體驗，也是一種療癒。人潮的流動很混亂，但是仍然能發現每個人都有各自的路線和目標。與眾多人群一起移動，我才第一次真正感受到寧靜的孤獨。街道越喧鬧，我的心情就越平靜。」

接著是三十多歲的尼采，在瑞士的大自然中行走時，心中突然冒出「永恆輪迴」思想的體驗。

所謂的「永恆輪迴」思想，指的是一切會永遠循環下去的思考方式。我認為這個永恆輪迴就是尼采的頓悟體驗。

「某天，我沿著席爾瓦普拉納的湖往前走。穿越幾座森林後，科爾瓦奇峰附近有一個金字塔型的巨大岩石，我在那裡停下腳步。就在此時此刻，這個想法來到我身邊。」

參考文獻

- アラン『プロポ1』山崎庸一郎訳　みすず書房　2000年
- アリストテレス『心とは何か』桑子敏雄訳　講談社学術文庫　2012年
- アントニー・デ・メロ『沈黙の泉』古橋昌尚訳　女子パウロ会　1992年
- アントニー・デ・メロ『東も西も・無について』斎田靖子訳　エンデルレ書店　1996年
- 懐奘編『正法眼蔵随聞記』山崎正一校注　講談社文庫　1972年
- ウィリアム・ジェイムズ『根本的経験論』桝田啓三郎・加藤茂訳　白水社　1998年
- ウィリアム・ジェイムズ『宗教的経験の諸相 上ウィリアム・ジェイムズ著作集3』桝田啓三郎訳　日本教文社　1962年
- ウィリアム・ジェイムズ『宗教的経験の諸相』桝田啓三郎訳　岩波書店　1970年
- 上田閑照『生きるということ　経験と自覚』人文書院　1991年
- 上田閑照『ことばの実存　禅と文学』筑摩書房　1997年

・上田閑照『人類の知的遺産21　マイスター・エックハルト』講談社　1983年
・上田閑照『西田幾多郎を読む　岩波セミナーブックス38』岩波書店
・エーリッヒ・フロム『よりよく生きるということ』堀江宗正訳　第三文明社　2000年
・『景徳伝灯録　四』景徳伝灯録研究会編　禅文化研究所　1997年
・ゲーテ『イタリア紀行』相良守峯訳　岩波文庫　2012年
・兼好法師『新版 徒然草』小川剛生訳注　角川ソフィア文庫　2015年
・ジャン=ポール・クレスペル『岩波 世界の巨匠 モネ』高階絵里加訳　岩波書店　1992年
・ジンメル『愛の断想・日々の断想』清水幾太郎訳　岩波文庫　2002年
・鈴木大拙『鈴木大拙全集　第十九巻』岩波書店　1982年
・鈴木大拙『鈴木大拙全集　第三十六巻』岩波書店　2003年
・鈴木大拙『禅のつれづれ』河出書房新社　2017年
・『鈴木大拙　没後40年』松ヶ岡文庫編　河出書房新社　2006年
・スティーヴン・C・ロウ編著『ウィリアム・ジェイムズ入門』本田理恵訳　日本教文社　1996年

- 『禅語録　世界の名著18』責任編集・柳田聖山　中央公論社　1978年
- 田上太秀『禅語散策』東京書籍　1987年
- 谷川俊太郎『対談』すばる書房　1974年
- 谷川俊太郎『夜のミッキー・マウス』新潮社　2006
- 道元『正法眼蔵　1』石井恭二注釈・現代訳　河出書房新社　1997年
- 道元『正法眼蔵　2』石井恭二注釈・現代訳　河出書房新社　2000年
- 道元『正法眼蔵　3』石井恭二注釈・現代訳　河出書房新社　1998年
- 道元『正法眼蔵　4』石井恭二注釈・現代訳　河出書房新社　1998年
- 道元『正法眼蔵　別巻』石井恭二注釈・現代訳　河出書房新社　1998年
- 道元『現代訳　正法眼蔵　新装版』禅文化学院編　誠信書房　2003年
- 道元『大乗仏典　23道元』上田閑照・柳田聖山編　中央公論社　1995年
- 『日本思想大系12　道元　上』岩波書店　1976年
- 西田幾多郎『西田幾多郎全集　第一巻』岩波書店　1965年
- 西田幾多郎『西田幾多郎全集　第十四巻』岩波書店　1966年
- パウル・ティリッヒ『ティリッヒ著作集』加藤常昭訳　白水社　1978年
- フリードリッヒ・ニーチェ『偶像の黄昏　反キリスト者　ニーチェ全集14』原

佑訳　ちくま学芸文庫　2008年
・フリードリッヒ・ニーチェ『ツァラトゥストラ　下　ニーチェ全集9』吉沢伝三郎訳　ちくま学芸文庫　2006年
・フリードリッヒ・ニーチェ『ツァラトゥストラ　ニーチェ全集10』吉沢伝三郎訳　ちくま学芸文庫　2008年
・フリードリッヒ・ニーチェ『この人を見よ　自伝集　ニーチェ全集15』川原栄峰訳　ちくま学芸文庫　2010年
・『ヘルマン・ヘッセ全集13』里村和秋・三宅博子訳　臨川書店　2006年
・『ヘンリー・ジェイムズ作品集4』工藤好美・青木次生訳　国書刊行会　1984年
・マイスター・エックハルト『エックハルト説教集』田島照久編訳　2001年
・松濤誠達『人類の知的遺産2　ウパニシャッドの哲人』講談社　1980年
・マルティン・ブーバー『孤独と愛　—我と汝の問題—』野口啓佑訳　創文社　1973年
・マルティン・ブーバー『我と汝・対話』田口義弘訳　みすず書房　1978年
・マルティン・ブーバー『ハシディズム』平石善司訳　みすず書房　1997年

・マルティン・ブーバー編『忘我の告白』田口義弘訳　法政大学出版局　1994年
・六人部昭典「モネの絵画と時間」実践女子大学学術機関リポジトリ　2016年
・メイソン・カリー『天才たちの日課』金原瑞人／石田文子訳　フィルムアート社　2015年
・『柳宗悦茶道論集』熊倉功夫編　岩波文庫　1987年
・ロス・キング『クロード・モネ』長井那智子訳　亜紀書房　2018年
・『聖書』フェデリコ・バルバロ訳　講談社　2002年
・『新約聖書』フランシスコ会聖書研究所訳　中央出版社　1992年
・『世界詩人全集11』川村二郎・富士川英郎・高安国世訳　新潮社　1968年

高寶書版集團
gobooks.com.tw

新視野 New Window 231
行動冥想：擺脫不安與煩惱，隨時隨地享受獨處的靜心術
行動瞑想「窮屈な毎日」から自由になるヒント

作　　者　白取春彥
譯　　者　涂紋凰
主　　編　吳珮旻
編　　輯　賴芯葳
封面設計　黃馨儀
排　　版　賴姵均
企　　劃　何嘉雯

發 行 人　朱凱蕾
出　　版　英屬維京群島商高寶國際有限公司台灣分公司
　　　　　Global Group Holdings, Ltd.
地　　址　台北市內湖區洲子街 88 號 3 樓
網　　址　gobooks.com.tw
電　　話　(02) 27992788
電　　郵　readers@gobooks.com.tw（讀者服務部）
傳　　真　出版部　(02) 27990909　行銷部 (02) 27993088
郵政劃撥　19394552
戶　　名　英屬維京群島商高寶國際有限公司台灣分公司
發　　行　英屬維京群島商高寶國際有限公司台灣分公司
初版日期　2021 年 9 月

國家圖書館出版品預行編目（CIP）資料

行動冥想：擺脫不安與煩惱，隨時隨地享受獨處的靜心術 / 白取春彥作；涂紋凰譯 . -- 初版 . -- 臺北市：英屬維京群島商高寶國際有限公司臺灣分公司，2021.09

面；　公分 . -- (新視野 231)

ISBN 978-986-506-225-5 (平裝)

1. 人生哲學 2. 修身

191.9　　110014099

GOBOOKS
& SITAK
GROUP ©